青少年爱国法律绘本系列

MAGIC RESCUE

神奇救援

了不起的无人机

丽 秋◎著

中国法制出版社
CHINA LEGAL PUBLISHING HOUSE

这是一本写给青少年的法律故事书，两个小主人公，男孩孔明读书成痴，过目不忘；女孩飞鸿武艺高强，疾恶如仇。二人配合默契，一次又一次化解危机，转危为安。他们俩是好朋友，好搭档，他们有一个秘密，别人都不知道……

本书出现所有人名、校名均为虚构，如有雷同，纯属巧合。

目录

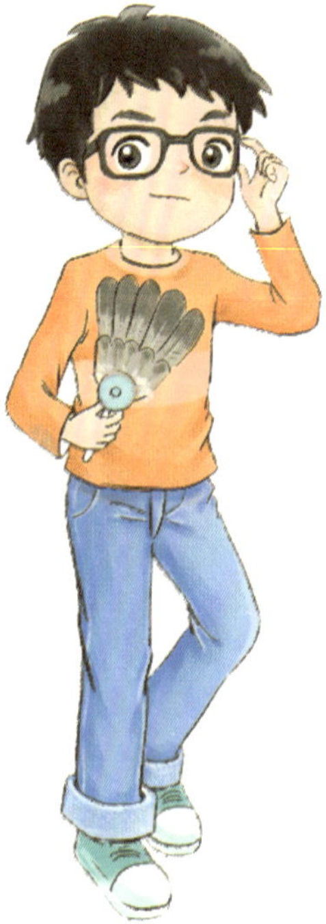

第一回　小诸葛

孔明是江城花园小学六年级的学生，今年 12 岁。由于生日在 9 月，因此，他的年龄要比班上大多数同学的大一些。

但他的身高显然没有和他的年龄同步增长，从一年级开始，他总是站在男生队伍的第一个。班上的高个子男生见到他，总爱摸摸他的头，好像他是小弟弟一样。每当这时，孔明就会用手扶一扶自己硕大的黑框眼镜，瞪圆了眼睛大声回应：“目无尊长。”

其实，在内心深处，孔明还是有些介意自己在身高上无法领先的残酷现实。但如果别人指出这一点，他是绝不接受的。在他四年级的时候，有一个六年级的高个子男生当面笑话他是个“矮冬瓜”，这让他深受刺激，但武力搏斗不是他的长项，对此他有自己的看法：君子动口不动手。他的优势是特别会读书，记忆力超强，有一目十行、过目不忘的本领。于是，在经过充分准备，查阅大量资料之后，当有人再叫他“矮冬瓜”的时候，孔明开始了他的反击：“拿破仑、斯大林、邓小平，个子都不高；而且，矮个子比高个子寿命长 11%。如果头脑简单的话，个子再高也没有用处。”话音未落，趁着对方勃然大怒之前，孔明便一溜烟跑没影了。他很清楚双方体力上的悬殊，所以三十六计，走为上计。

孔明说话文绉绉的，总爱引经据典。在同学们看来，他实在是有些古怪。男生喜欢的运动，他从不参加；女孩的游戏，他更是没有兴趣。课间活动的时候，他总是拿着一本书，坐在操场的长凳上，专心致志地看。即使是学校举行运动会，赛场上如火如荼，孔明依旧拿着本书看得津津有味。因此，孔明的成绩总是名列前茅。

新学期开学，班主任张老师领着一个身材高挑、面容清秀的女孩走进了教室，向同学们介绍道："新学期开始啦，大家欢迎咱们班上的新同学，岳飞鸿。"说着，张老师拉着飞鸿来到孔明旁边的座位坐下。张老师对飞鸿说："这是我们班的小诸葛，你们以后要互相帮助哦。"

孔明摇着头问："可是'人生到处知何似，应似飞鸿踏雪泥'的飞鸿吗？"飞鸿愣了一下，回应道："可是'出师一表真名世，千载谁堪伯仲间'的诸葛孔明吗？"说完，孔明和飞鸿同时大笑不止。

飞鸿很快适应了新学校的生活。她的成绩一直都不错，但数学成绩从没上过 90 分，因此，数学成为了她唯一头疼的科目。花园小学是江城的重点小学，学生的压力是出了名的大。飞鸿感觉每天的数学题能把她吞没。幸好，孔明愿意帮助她。一般的题目，只要飞鸿问，孔明不仅会告诉她解题的方法，还会不厌其烦地讲述一些理论知识以及一些提高数学成绩的窍门。每次讲完，孔明还会加上一句“授人以鱼，不如授人以渔”。飞鸿觉得孔明虽然看上去和大家有些格格不入，但他的内心透亮、不自私。上周的数学测验，飞鸿史无前例地得了90分，孔明一把抢过飞鸿的卷子，一边点头，一边嘴里叨叨着：“孺子可教也，孺子可教也，90分还有上升的空间，等到了我这个阶段，只能独孤求败喽。”这番话弄得飞鸿哭笑不得。

“独孤求败”先生没有料到，他被人盯上了。

隔壁班的一个男生叫王大力，又高又壮，特别调皮捣蛋，人称

“大力水手”。他成绩不是很好，并且经常因为完不成作业被老师批评。一天，数学老师当着全班同学的面批评王大力：“你要像隔壁班孔明那样，也可以不写作业，但你行吗？每天的作业都完不成，上次的数学测验只有40分，能不能上点心？”王大力心里憋着气，觉得非常丢人。

这天放学后，王大力一眼看见了孔明。他脑子一热，冲到孔明前面，气势汹汹地喊道：“你就是孔明？”

孔明很惊讶：“是我。怎么了？”

“知不知道，因为你，我被老师狠狠教训了一顿。”王大力一边说，一边还用手掌狠狠地推了孔明一下。孔明差点没站住，向后一个趔趄。

孔明虽然摸不着头脑，但没有乱了阵脚，他心想，“我不认识这个大块头，不知道怎么得罪了他。是祸躲不过，这家伙虽然看上去很壮，但只有一个人，我要是全力以赴，他也不一定有胜算。”想到这儿，孔明将书包放在一边，准备应战。

王大力看着比自己矮一头的孔明冷笑了一声：“小子，我倒要让你知道，学习好又怎样，还不是我的手下败将。”说着，一拳打向孔明，孔明急忙躲闪，然后一头撞向王大力，两人抱成一团。由于王大力比孔明大一号，渐渐占了上风。

就在此时，远处传来一声怒吼：“住手！”王大力一惊，随着声音临近，只见一个高个子的清秀女生跑了过来。王大力松了一口气。

原来，飞鸿的语文书落在学校了，她不得不回学校取书，正好看见王大力和孔明扭打在一块。

飞鸿瞪着眼大喊：“快住手！”

王大力虽然心里有点发慌，但觉得被一个女生吓住，有点没面子。

“少管闲事，滚远点儿！”王大力大喊。

飞鸿怒了。这下子王大力可要倒大霉啦！

飞鸿的爷爷是著名武术家，教育家；叔叔是跆拳道黑带；妈妈是全运会武术比赛冠军；爸爸是国家级武术教练员。没错，飞鸿出身武术世家。6岁拜师学艺，学习太极拳法和剑术，去年刚夺得全国青少年武术锦标赛女子组冠军。

飞鸿冲冠一怒，单手揪住王大力，硬生生把他拽了起来，王大力心想：“这女生怎么有这么大劲儿，虽然打女生不好，但非常时期，不打她，她就得打我啊。”可是，还没等王大力出手，王大力的半边脸就被飞鸿狠狠压在地上。飞鸿冷冷地说：“道——歉！”王大力恼羞成怒，他万万没想到会被一个女孩打成这样，还是一个如此清秀的女孩！还当着孔明的面！这简直是奇耻大辱！当然，如果以后他知道这次的对手是谁的话，说不定还会吹牛说自己和全国武术冠军交过手。但当时，他除了气鼓鼓地瞪着眼表达愤怒，毫无还手之力。

同样震惊的，还有孔明。他张着嘴站在一边，看呆了。

飞鸿看王大力还不道歉，便准备将王大力的鼻子在泥土里好好地磨上一磨。

孔明上前拉住飞鸿："算了，你都赢了，适可而止吧。"

飞鸿没撒手："是他先和你动手的。"

孔明说："君子动口不动手。"

飞鸿本想说"那你动口把他打败试试？"但看到比自己还矮半截儿的孔明，觉得那样说可能会伤害孔明的自尊心，于是忍住了。

飞鸿松开手，王大力赶紧从地上爬了起来，本想再放几句狠话，但看着飞鸿凌厉的眼神，只好合上了嘴巴，一溜烟儿跑掉了。

飞鸿有些气不过："怎么不让他道歉？"

“围师必阙，穷寇勿迫。”孔明答道。

飞鸿瞪大眼睛，嘴巴蹦出了句英文“what（什么）？”孔明笑嘻嘻地回了一句“See you tomorrow（明天见）”。

第二天放学后，飞鸿收拾完书包准备坐车回家，看到孔明正在校门口，冲她挥手。

“你怎么还没走？”飞鸿有些诧异。

孔明没做声，而是从包里拿出一本书塞到飞鸿手里。“里面折了页，看完了还我。”说完，便转身走掉了。

“真是一个怪人，给我一本《孙子兵法》干吗？”飞鸿看着手

里的书，有些莫名其妙。

回到家，飞鸿衣服都没换，赶紧拿出孔明给她的书，打开折的那页，是“围师必阙，穷寇勿迫”的解读：包围敌人要留一个缺口，放敌人一条生路，因为困兽犹斗，狗急了跳墙，不要逼得敌人无路可逃，那样敌人会和你死磕到底。

这一页中间还夹了张小纸条，笔锋刚劲有力，写着四个字：多谢女侠。

飞鸿看到后，微微一笑，心想，小诸葛终于知道我名字的来历了。

第二天还书的时候，孔明打开书，看到飞鸿也留了一张纸条，上面写的是：纸上谈兵。

第二回　隐私

上次大败而归后，王大力一直耿耿于怀。他很担心孔明会向老师告状，所以一直都不敢轻举妄动。王大力还经常到隔壁班上打听消息，见什么动静也没有，王大力这才稍稍松了口气。

飞鸿本来以为孔明会把这件事告诉老师，但孔明可好，说自己坚决不干告状这种事。他觉得如果告诉老师的话，势必把飞鸿牵扯进来，他自己倒没什么，飞鸿毕竟是转学生，万一老师认为女孩子参与打架，对她产生了不好的印象，那就糟了。

王大力可没有孔明这般多思多虑。他认为孔明一定是个胆小鬼，之所以没告他的状，那是因为孔明不敢，何况，要不是那个女生杀出来，他肯定能大获全胜，一解心头之恨。不过，一想到被那个女生按在地上的惨状，王大力不由得羞愤不已，新仇加旧恨，他是一定要报的。

这一天，六年级同学要在礼堂听讲座，同学们开始陆陆续续地走进礼堂。

孔明早早来到礼堂，正在笔记本上奋笔疾书。王大力看到孔明，偷偷走到他的座位后面，趁其不备，一把抢走了孔明的笔记本。孔明又急又气：“那是我的日记本，你快还我。”王大力笑嘻嘻地拿起孔明的日记本跑到礼堂的中央，孔明一边追他，一边气喘吁吁地说：“日记是我的隐私，你这是侵犯我的隐私权！”

王大力把手里的日记本举得高高的，一边躲避孔明的追捕，一边大声地念孔明的日记。

“今天班上新转来一个女同学，她的名字很美，她的笑容更美，希望能和她成为好朋友。”王大力一边大声念，一边坏笑，本以为

大家会跟着起哄，这样就可以让孔明无地自容。

没想到，礼堂里静悄悄的，一根针掉在地上都能听得清清楚楚。同学们盯着他的眼神好像有火焰在烧。就连他的好兄弟，此时也冲他摆了摆手，做了个“嘘”的手势。接下来，讨伐他的声浪一波接一波，震得王大力耳朵嗡嗡响。

“别念了，快把日记本还给孔明！”

“王大力，你这样做太过分了！”

“你实在太不尊重人啦！”

“你这是侵犯人家的隐私，应该道歉！”

“王大力，你念人家日记算什么本事！”

此时，飞鸿走进了礼堂，大家一下子安静下来，目光都集中到飞鸿身上，孔明的脸一下子红到了脖子根。

王大力也有点发怵，赶紧把孔明的日记本扔了回去，悻悻地回到自己的座位。飞鸿觉得气氛有些诡异，正想问问发生了什么事。可是这时铃声响了，老师们纷纷走进礼堂。

教导主任邵老师兴致勃勃地对大家说：“同学们好，讲座开始之前，我要向大家宣布一个好消息。为弘扬中华优秀传统文化，江城即将举办祖国知识大赛，各个学校都要选拔优秀选手参加，经过学校、市里、省里的层层选拔，获胜的选手将到北京参加总决赛。希望大家踊跃报名，你们中谁获了奖，都是学校的光荣。”

同学们一听都摩拳擦掌，兴奋不已。已经有人在心中幻想着自己成为全国总冠军之后畅游长城和故宫的画面了。

日记风波本来让孔明又气又恼，但此时教导主任的话，激起了他的雄心壮志。他知道，他的机会来了。读万卷书不如行万里路，他要报名，而且一定要得奖。

相关法条要记牢

《中华人民共和国民法典》

第一千零三十二条 自然人享有隐私权。任何组织或者个人不得以刺探、侵扰、泄露、公开等方式侵害他人的隐私权。

隐私是自然人的私人生活安宁和不愿为他人知晓的私密空间、私密活动、私密信息。

请你想一想

小朋友，你觉得什么是隐私呢？

其实隐私就是你自己的个人信息，比如你的身高、体重，你的姓名、电话，你曾经得过的病，你的个人爱好，你的照片，你的日记和别人写给你的信等。

你不同意，别人无权知道你的个人信息，不能偷看你的日记、照片和信件。

要对侵犯自己隐私的行为，勇敢地说“不”！

你觉得以下哪些事情是别人的隐私，我们不要问，也不要议论呢？

1. 小红的爸爸妈妈离婚了，她和奶奶住。

2. 小黄好像有乙肝，离他远点，会被传染的。

3. 小蓝上课很认真，难怪他成绩那么好。

4. 这是小白在哪里照的照片，好丑哦。

第三回　备战

报名参加祖国知识大赛后，孔明更加勤奋，每日埋头读书。除了吃饭睡觉，剩下的时间就是阅读。知识大赛的初选开始后，孔明一路过关斩将，从学校的选拔中脱颖而出，不负众望，一举夺得省内第一名。

孔明一下子出名了，校长亲自到班上来看他，表扬他为学校争得了荣誉。电视台、报纸等媒体的记者闻讯而来，都想要了解他是如何学习的，有没有什么窍门。但花园小学在学校官网直接发了一个声明，婉拒各路媒体的采访。学校的领导认为，现在孔明要全力备战北京总决赛，不宜分心。孔明还有更大的目标，不能被省冠军的荣誉冲昏了头。

花园小学专门成立了一个备战团队，负责收集资料、预测题目、模拟演练。飞鸿被选中加入这个团队，她激动极了，因为备战团队的成员是能和孔明一起去北京的。飞鸿的任务就是每天将事先准备好的题目不停地向孔明提问，问题千奇百怪，孔明大部分都能对答如流，一旦遇上孔明答不出的题目，飞鸿便得意扬扬地说：“怎么样，又被我这个臭皮匠难倒了吧。”

随着决赛日期的临近，紧张的气氛加剧。孔明心里也有点打鼓，毕竟这个比赛太重要了，已经不是自己一个人的事情，他感觉肩上的担子很沉重。

出发去北京的前一天，孔明在校门口看到了王大力。

王大力鬼鬼祟祟的，看到孔明有些不好意思。孔明本来不想和他说话，正要走过去时，被王大力喊住：“哎，孔明，你能等一下吗？”

孔明停下脚步，心想：“这家伙该不是又要找我麻烦了吧。”

王大力双脚来回搓着地上的土，头低低的，好不容易从嘴里挤出几个字：“上次的事儿，真对不起啊。”

然后他又吞吞吐吐地说：“明天你们就要去北京了吧？那个，别有太大的压力，你都是省里的第一了，给咱们学校争了光，去北京拿不拿第一都没关系。我会给你加油的！”

说完，王大力一转身就跑了。

孔明的眼眶湿润了，对着王大力的背影，小声说：“谢谢。”

临睡前，孔明拿出了日记本，他写道：

明天就要去北京了，本来心情很紧张。今天却因为王大力的几句话，心里暖暖的。他本来是最让我头疼的一个家伙，总爱找我的麻烦。上次他在大庭广众下读了我的日记，我对他可没有一点好印象。但今天，他来向我道歉，他还说，省里的第一名已经很厉害了，去北京拿不拿第一没关系。他这句话让我一下子放松了不少，我当时就原谅了他，我能感受到他是真心的。

真没想到，王大力会这样做。大家都说他是捣蛋大王，我今天却看到他有一颗金子般的心，因为他敢于承认自己做错了。

我们从小就被教导，知错能改才是好孩子。但很多大人恐怕都做不到吧？但王大力做到了，他是好样的。

对不起。

第四回　夺冠

到达北京的第二天，孔明接到组委会通知，请所有参赛选手到天安门广场参观游览。“也许是为了缓解大家决赛前的紧张情绪吧。”飞鸿这样猜测道。

选手们怀着激动的心情来到了天安门广场，率先映入眼帘的是高高飘扬的五星红旗，令人肃然起敬。在天安门广场中央耸立着巍峨的人民英雄纪念碑，石碑正面镌刻着“人民英雄永垂不朽”。英雄纪念碑南面是庄严肃穆的毛主席纪念堂，西面是宏伟壮丽的人民大会堂。不知道是谁先开始的，同学们唱起了“我爱北京天安门，天安门上太阳升；伟大领袖毛主席，指引我们向前进……”孔明凝视着天安门正中门洞上方悬挂着的毛主席画像，陷入了沉思，心里激荡起一种前所未有的感觉，神圣而自豪。

这时，组委会的老师把参赛选手集合起来，对同学们说：“大家都是来参加祖国知识大赛的，请问有谁能给大家介绍一下天安门的历史呢？”

孔明第一个举手说：“天安门是我国明清两代北京皇城的正门，

明朝永乐年间，朱棣，也就是明成祖，想把都城从南京迁到北京，从永乐十五年起开始修建天安门。最开始叫‘承天门’，是‘承天启运、受命于天’的意思。清朝顺治年间改名为天安门，是‘受命于天，安邦治国’的意思。1900年，八国联军攻入北京，曾经炮轰天安门。1949年10月1日，开国大典在天安门隆重举行，毛主席庄严宣告‘中华人民共和国中央人民政府成立了！’我们的国徽上面印的就是天安门的图案，天安门是中国的象征。”

孔明讲完后，其他的选手又七嘴八舌地讲了很多关于天安门的故事，组委会老师很高兴：“不愧是各省选拔的优秀选手，大家都讲得很好啊，现在邀请大家登上天安门城楼合个影，这一定能令你们终生难忘。”

就在大家列队在城楼下，准备合影留念的时候。孔明看见一个神色慌张、举止怪异的人，这个人背着一个大包，鬼鬼祟祟地从背包里拿出一块红布，铺在地上。然后，他拿出一瓶墨水，开始往红布上倒。

虽然事情发生得非常快，但孔明马上反应过来，那块“红布”是五星红旗。天哪！那个人正在玷污五星红旗。这还得了，天安门广场这么庄严神圣的地方，怎么可以发生这种事？孔明大喊一声：“住手！”然后他像箭一样冲了过去，一把捡起国旗紧紧抱在怀里，之后厉声说道：“你不能玷污我们的国旗，你这样做是犯法的，你最好赶紧去自首。”

大家都惊呆了，没想到会在天安门广场遇到这样的事情，各地选手面面相觑，都看向组委会的老师。孔明也向老师使眼色，希望老师赶紧报警。但老师却好像没有看见似的。孔明心急如焚。

此时，背包客却笑了起来：“拿着国旗的小朋友，你叫什么名字？”

孔明毫无惧色：“我叫孔明。你不该玷污我们的国旗。你这是犯罪！”

“你把国旗打开看看。”那个人又说。

孔明觉得有些奇怪，小心地将国旗展开：奇怪，鲜艳的五星红旗上一点污渍也没有……

背包客哈哈大笑，这让孔明感觉自己的处境十分不妙。“怎么回事？”孔明很郁闷地想，“这下完蛋了，我可能闹了个大笑话。”

这时，《歌唱祖国》激扬的旋律奏响，一个大型舞台在天安门广场上缓缓升起，组委会老师带领所有的选手走上舞台。

刚才那个背包客像是换了一个人，他的外套和背包都不见了，满面笑容地站在舞台中央。选手们感到莫名其妙，完全不知道发生了什么事。

背包客一脸严肃地说：“同学们，你们现在一定觉得很奇怪，其实今天是本次祖国知识大赛的总决赛，刚才发生的一幕，就是我们总决赛的题目。孩子们，你们都是从全国各地层层选拔出来的优秀选手，一般的知识题目对你们来说肯定不在话下。你们应该知道，中国古代思想家荀子曾经说过，‘知之不若行之’。《中庸》里有一句话，你们也一定听过，叫‘博学之，审问之，慎思之，明辨之，笃行之’，这些古代思想的精华，讲的其实都是一个道理，就是‘知行合一’。大赛组委会认为，我们要选出的总冠军，不仅要懂得关于祖国的知识，更要能够身体力行地去热爱祖国、守护祖国，愿意去践行对祖国的爱。因此，恭喜你孔明同学，你赢得了祖国知识大赛的全国总冠军。”

背包客说完，舞台灯光集中打到孔明脸上，孔明感到热血沸腾，前所未有的巨大幸福感将他吞没，所有梦想一下子都变成了现实。他万万没想到，冠军的荣耀是通过这样的方式落到了自己头上。

他眼含热泪，对着人民英雄纪念碑的方向，深深鞠了一躬。然后他平静了一下，手拿麦克风，开始发表感言：

“感谢组委会，感谢我的老师和同学们。

“从小，爸爸妈妈就告诉我，没有国就没有家，没有共产党就没有新中国。虽然当时我以为这只是一句口号。

“后来，当读到方志敏的《可爱的中国》时，我流泪了。当读到杨靖宇在冰天雪地中，一个人战斗到最后一刻时，我流泪了。

“‘天地英雄气，千秋尚凛然。’李大钊、杨开慧、赵一曼、张自忠、董存瑞、黄继光、邱少云……正是他们，还有成千上万的英雄儿女，挺起了中国的脊梁，用鲜血和生命将新中国的旭日托起，成就了我们今日的和平与繁荣。

第一名
大赛总决

“今天站在这里，我想说，先烈先辈们请放心吧。方志敏爷爷所向往的、所梦想的，都已经实现，现在到处都是鲜活的创造，到处都是日新月异的进步，欢歌代替了悲叹，富裕代替了贫穷，智慧代替了愚昧，友爱代替了仇恨，生之快乐代替了死之忧伤，明媚的花园代替了暗淡的荒地！

“‘路漫漫其修远兮，吾将上下而求索’，中华民族伟大复兴的中国梦一定能实现，因为，我们都是追梦人。”

孔明的话，慷慨激昂，掷地有声，赢得了全场经久不息的掌声。

激动人心的颁奖仪式之后，背包客单独找到了孔明，先是给了一个十分有力的拥抱，直到孔明都快被他压得喘不上气，他才撒了手。背包客大笑着拉着孔明的手说：“好样的孔明！小伙子，大有可为啊！刚才被我吓了一大跳吧？哈哈，还没做自我介绍，我姓马，是祖国知识大赛组委会的负责人。”马老师声如洪钟，震得孔明耳朵嗡嗡响。马老师边说边从背包里掏出了一顶帽子、一副眼镜和一架玩具飞机。

“孔明同学，这几样东西是组委会专门颁发给总决赛冠军的奖品。”孔明有些诧异地看着这几样东西，心想，“这也有点太寒酸了吧。”

马老师仿佛会读心术：“千万别小看这些东西，这是我们顶级人工智能团队最新研发出来的高科技智能产品。别看这个无人机只有你的手掌大小，却具备多项前沿‘黑科技’。它擅长隐蔽，可以根据环境变换颜色，伸缩自如。它最神奇的本领是能够根据我们现有的大数据库，经过极其复杂的计算**找到危险**。”

“找到危险？这是什么意思？”孔明没明白。

马老师笑了笑：“一般而言，是不是要等大火烧起来，才有人拨打119；有人被抢劫了，才有人拨打110？无人机的厉害之处就在于，它可以提前识别风险，防患于未然，而你，将是阻止危险发生的人。”

“哇哦，太酷了！”孔明兴奋起来。

“别激动，我还没说完呢。这顶帽子和这副眼镜，能识别你的脑电波，带上帽子和眼镜，能够实现脑机连接，直接指挥无人机行动。只要你脑子里想像一下无人机起飞、降落的动作，无人机就会根据你的指令行动；你也可以直接叫它‘小智’，对它提出问题或说出指令，小智会给你惊喜的。在紧急情况下，你可以启动无人机的攻击模式，一旦遇到极度危险的人，你可以给小智下达喷射辣椒喷雾的指令。注意，辣椒喷雾有三种模式：微辣、中辣和狂辣。这个取决于你自己的判断。当然，除非必要，轻易不要乱喷哦。”

说完，马老师笑眯眯地看着目瞪口呆的孔明。

孔明瞪圆了眼睛盯着这些顶级智能装备，心想，幸亏自己刚才没有表现出对这些“小玩意”的不屑，竟然把无人机看成玩具，真是无知透顶。孔明读过不少科幻作品，对人工智能略知一二，能看到真的产品，而且即将亲身体验，他不禁喜出望外。

“我们的专家耗时数年研究出来这项技术，就是希望能够提前阻止危险事件的发生，拯救更多人的生命。这也是祖国知识大赛总冠军真正的使命——做祖国和人民的小卫士。孔明同学，你愿意接受这项神圣又艰巨的使命吗？”马老师此时收回了笑意，严肃地问。

孔明早已抑制不住内心的激动，大声回答：“愿意，愿意，我特别、非常、十分、极其愿意，只是……”

马老师哈哈大笑，没等孔明说完便抢先说：“只是你想和你的好朋友岳飞鸿一起执行这个任务，是不是？”

“您怎么知道的？太厉害了，您不会已经能识别我的脑电波了吧？”

孔明一说完，两个人同时哈哈大笑起来。

马老师接着说：“早就知道你小子会提出这要求，飞鸿的情况我们也都查清楚了，小姑娘人品好，一身正气，身手不凡，能成为你的好帮手，就这么定了，你们收拾收拾，准备行动吧。”

相关法条要记牢

《中华人民共和国国旗法》

第四条 中华人民共和国国旗是中华人民共和国的象征和标志。

每个公民和组织，都应当尊重和爱护国旗。

第二十三条 在公共场合故意以焚烧、毁损、涂划、玷污、践踏等方式侮辱中华人民共和国国旗的，依法追究刑事责任；情节较轻的，由公安机关处以十五日以下拘留。

《中华人民共和国刑法》

第二百九十九条 在公众场合故意以焚烧、毁损、涂划、玷污、践踏等方式侮辱中华人民共和国国旗、国徽的，处三年以下有期徒刑、拘役、管制或者剥夺政治权利。

在公共场合，故意篡改中华人民共和国国歌歌词、曲谱，以歪曲、贬损方式奏唱国歌，或者以其他方式侮辱国歌，情节严重的，依照前款的规定处罚。

请你想一想

小朋友们，五星红旗是用烈士的鲜血染红的，没有革命先辈的流血牺牲，就没有新中国的成立，也没有我们今天的幸福生活。我们每个人都应该尊重国旗，爱护国旗。

在公共场合，故意以焚烧、毁损、涂划、玷污、践踏等方式侮辱国旗，损害国家尊严的，必须予以严惩。

第五回　岳王庙首战告捷

孔明夺冠，备战团队的老师和同学们都激动万分，大家搞了个庆祝晚会，直到很晚才结束。晚会结束后，孔明把飞鸿拉到一个没人的地方，将马老师的话原原本本地告诉了飞鸿。

飞鸿太震惊了，张大了嘴巴呆呆地望着孔明。看着飞鸿诧异的神情，孔明从兜里掏出一块巧克力，塞到飞鸿嘴里，她才深吸了一口气合上了嘴巴。

“可能马上就有行动，千万不要和任何人说，马老师强调要保密的。另外，有件事提醒你注意下，以后咱俩就是一个团队了，作为队长，我希望你能服从我的安排，”被飞鸿凌厉的眼神凝视了一下后，孔明赶紧改口说，“咱俩相互配合，共闯难关。”

“这还差不多，那怎么和父母说呢？”飞鸿提出了一个很现实的问题。

“放心，马老师已经和咱们的父母都沟通过了，我妈很担心，不过我爸很支持，他比较懂高科技的东西，相信能够保证咱们的安全。你爸听说了这事后，高兴极了，还夸他们有眼光呢。”

“唉，我爸就不担心我的安全吗？”飞鸿故作抱怨地说。

“哈哈，”孔明笑了，“据说你爸担心有的坏人不堪一击，还怕你出手太重呢。”

飞鸿洋洋得意起来，“还是我爸了解我的实力！”

“不过，我们怎么和老师说呢？”飞鸿想到了一个更现实的问题。

“这个就更不用担心了，我得了冠军，奖品是组委会赞助的旅行；而你作为我的‘保镖’同行，组委会也同意了；学校的老师认为这样的实践活动比课堂学习更有用，都很赞成，而且马上就要放暑假了，这个月本来就是复习课。咱们就利用晚上的时间复习，回去参加考试就行。女侠，请问还有什么不放心的，尽管提出来吧。”

飞鸿双臂交叉环抱在胸前，心想，这真是难得的机会，能看一看祖国的大好河山，还能实现自己的女侠梦。岳保镖为即将到来的旅程激动不已。

“我还有最后一个问题。”飞鸿故作神秘地问道。

“请讲。”

“哈哈，你把小智藏哪里啦？”

孔明从口袋里小心翼翼地掏出了无人机，只见它手掌大小，没启动之前，两翼是缩回的，刚好握在手里，像一个稍大一点的土豆。“小智，你好，我叫飞鸿。”

“你好，女侠，很高兴认识你。”小智张开天蓝色的翅膀，头顶上还有一面鲜红的国旗。

小智的回答让飞鸿哈哈大笑。

“小智，我们现在有任务了吗？”

“是的，女侠，你们有任务了。你们要去的地方非常美，乃是有‘人间天堂’之称的杭州市。”

孔明和飞鸿即将展开首次行动，两人都非常激动。

第二天他们早早出发，下午到达美丽的杭州，小智告诉他们，目的地是杭州的著名景点——岳王庙。

走进岳王庙，一座大殿呈现在他们眼前，殿内有一尊高大雄伟的岳飞像，雕像上方刻有岳飞亲笔草书“还我河山”四个大字。

孔明带上帽子和眼镜，无人机迅速升空。随后，孔明在眼镜里看到一名男子正拿着一把小刀在精忠柏亭的立柱上面刻字。二人迅速赶到，还没等孔明发话，飞鸿一个箭步冲了上去，厉声喊道：“住手，你怎么能在这刻字？”男子没想到会突然有人出现，吓了一大跳，不过一看到只是两个小孩，便面露凶光：“关你们什么事，小屁孩，一边玩去。”飞鸿可不会被吓住，没等他说完，上前一脚踢飞他手中拿着的裁纸刀，那人没想到这个小女孩如此厉害，气急败坏挥起胳膊要打飞鸿，但他哪里是飞鸿的对手。飞鸿三拳两脚，打得男子毫无还手之力，最后落荒而逃。飞鸿拍了拍身上的土，对着岳王庙的大殿方向双手合十鞠了一躬：“今日冒犯英雄，失敬失敬。”

不大一会儿，警察赶到，两人说明了经过，孔明把男子的具体位置告诉了警察叔叔，警察很惊讶地问：“小朋友，你怎么知道他在哪呢？”孔明说：“我的无人机在追踪他，您看，这是那个人的照片。”警察说：“现在的孩子都懂高科技了啊，谢谢你们帮我们抓坏人。不过小姑娘，下次一定要小心啊，首先要好好保护自己，有危险应该找警察叔叔帮忙。万一歹徒有凶器，伤了你们，多危险。”

飞鸿红着脸点了点头。

孔明看着警车轰鸣而去："警察叔叔还不知道你的本事，再来几个坏人都不是你的对手。"飞鸿一乐："小诸葛有眼力，但我十分喜欢这种深藏不露的感觉。"

"不光是眼力，关键靠的是智慧。"孔明说着，指了指自己的脑袋。

"在吹牛这方面，我的确自愧不如，现在赶紧看看那个人把柱子刻坏了没有！"飞鸿拉着孔明仔细地检查柱子，还好，由于他们及时赶到，柱子上面的刻痕不深，应该很容易复原。

"我就不明白，这些人为什么喜欢在文物古迹上刻字，有什么意思呢？难道他以为刻在这儿的文字也能像岳飞一样流芳千古吗？遗臭万年还差不多。"飞鸿有些愤愤不平地说道。

"前一阵有个中学生在埃及卢克索神庙的浮雕上用中文写下'xx到此一游'，被人上传到网上，这个中学生被网友人肉搜索出来，可被骂惨了，这种行为只图自己一时痛快，损毁了名胜古迹，还会构成犯罪，实在是得不偿失。"孔明说。

相关法条要记牢

《中华人民共和国刑法》

第三百二十四条 故意损毁国家保护的珍贵文物或者被确定为全国重点文物保护单位、省级文物保护单位的文物的，处三年以下有期徒刑或者拘役，并处或者单处罚金；情节严重的，处三年以上十年以下有期徒刑，并处罚金。

故意损毁国家保护的名胜古迹，情节严重的，处五年以下有期徒刑或者拘役，并处或者单处罚金。

过失损毁国家保护的珍贵文物或者被确定为全国重点文物保护单位、省级文物保护单位的文物，造成严重后果的，处三年以下有期徒刑或者拘役。

第六回　遇到暴徒，赶紧跑

离开了岳王庙，孔明和飞鸿游览了美丽的西湖，看着如诗如画的美景，孔明情不自禁地吟诵起《题临安邸》：

“山外青山楼外楼，西湖歌舞几时休？

“暖风熏得游人醉，直把杭州作汴州。”

飞鸿陶醉于西湖的美景，心中默默地说：“祖国的大好河山，是祖先留给我们的最宝贵的财富，我要全力守护它。”

“嘀嘀……”小智提示，上海有新的任务等着他们。

杭州和上海相距不远，坐一个小时火车就到了。根据小智的指引，他们来到了一所幼儿园的大门口。

“咦，这和我小时候上的幼儿园有点像。”飞鸿看到校门，感到很亲切。幼儿园有个很大的操场，正值下午户外活动时间，孩子们都在操场上玩游戏，有的堆沙堡，有的滑滑梯，非常热闹。上课铃声响了，老师让孩子们排好队，一队一队进教室。孔明和飞鸿在门外远远看着小朋友们，想起了自己在幼儿园的时光。

“看样子是快放学了。”飞鸿看到已经有一些家长陆陆续续来到幼儿园门口，很自然地排成一队。

孔明启动无人机升空侦查，无人机环视一圈，没什么发现。孔明有种不好的预感，一边让无人机继续巡查，一边和飞鸿绕着幼儿园转了一圈，也没有什么发现。正在此时，幼儿园的放学铃声响起，家长们鱼贯而入，每个家长都需要刷卡才能进去接孩子。看得出来，幼儿园管理有序，秩序井然。门口的保安神情严肃地审视着每个进校门的家长，不敢有一丝懈怠。

就在这个时候，孔明从眼镜里看到一个身材魁梧的年轻男子，鬼鬼祟祟地出现在幼儿园门外大约200米处，目光阴狠地盯着从门口出来的家长和孩子。这个男子的图像在孔明的眼镜里放大后定格。看到他的样子，孔明不由得一阵战栗。

“不好！这个人很可能要伤害幼儿园的孩子。”正当孔明意识到危险的同时，那人已经从怀里掏出了一把菜刀，疯了似的向刚刚走出幼儿园的孩子们冲去。走在前面的家长看到这个人都吓呆了，赶

紧拉起孩子就跑，有的孩子被吓得哇哇大哭，场面顿时混乱不堪。

孔明感到自己的心在猛烈地跳动，一种前所未有的感觉袭来，是紧张，还是恐惧？他已经无暇分辨。就在暴徒挥舞菜刀砍向一个孩子的刹那，孔明定了定心神，冷静发出指令：“小智，启动攻击，狂辣模式。”小智迅速对准歹徒，喷射出辣椒喷雾。

歹徒完全没有防备，刀一下子掉在地上，他只得捂住眼睛就跑，但由于辣椒喷雾的狂辣模式实在威猛，痛不欲生的歹徒四处乱撞，结果踩到一个滑板车，脚下一滑栽倒在地。幼儿园的保安和几个热心群众一起冲上来将他制服。

警车轰鸣着在幼儿园门口停了下来，几个荷枪实弹的警察下车，把歹徒押解上了车。孔明和飞鸿仍然惊魂未定，由于事情发生得太突然，也不知道有没有人受伤，但可以肯定的是，如果他们行动得再慢一点儿，后果将不堪设想。

孔明使劲儿深呼吸，尽力让自己回归平静。他回顾刚才那种感觉，那是一种从未有过的恐惧感，一种要把自己吞没的恐惧感。今天自己的表现如何呢？孔明有些后怕。如果走在前面的家长没有很快地抱起孩子跑开，孩子就有可能被菜刀砍中，要是那样的话，自己恐怕一辈子都不会心安了。孔明和飞鸿一路默默无语，今天的事情，让他们第一次感到罪恶离自己是如此之近，可爱的幼儿园的小朋友们，含苞待放的生命还未盛开就可能被无情地摧毁。

这时，路边的电视播出了新闻：“现在播放最新消息，今日 16

时30分，上海市一幼儿园门口，一名男子持刀砍向人群，行凶男子被当场制服，无一人受伤。据初步警情通报，29岁的嫌疑人无业，今年6月初到上海，因生活无助、心理扭曲准备在幼儿园行凶以报复社会。”接下来是现场采访家长的报道，一个老婆婆说：“也不知道是怎么回事，那个歹徒刚掏出菜刀，就突然倒地不起了，肯定是遇到高人了，孩子们洪福齐天哦。”一位老大爷说：“应该是个特种兵？出手太快，还没看清楚呢，歹徒就倒在地上了。英雄没留下姓名就走了，真是无名英雄啊。我对着电视要讲一下，谢谢这位英雄，你救了我孙子的命，就是救了我们一家人，大恩大德啊。”

孔明紧张自责的心，终于因为这则新闻稍稍放松下来。

“没有一个孩子受伤，没有一个孩子受伤……”孔明默默地念了好多遍。

“临危不惧，镇定自若，厉害厉害，佩服佩服！我今天是吓呆了，小诸葛今天太帅了。是你救了孩子们，你就是那个无名英雄！”飞鸿看到孔明有些低落，狠狠地鼓励了一下自己的队友。

小智听了，有些不高兴，插嘴说：“两位大侠，你们别忘了，今天到底是谁打跑了那个坏蛋？”

“抱歉啊，小智，你的功劳最大，你才是那个无名英雄！”孔明笑着说。

飞鸿看到孔明笑了，终于松了一口气。

请你读一读

遭遇暴力事件，小朋友们应该如何做？

1. 看到有人持凶器冲进校园，应当先判断清楚危险的方向，然后迅速逃离危险区域，逃往安全地带，跑得越快越好。身上不必要的东西都扔掉，记住，跑得快就能保住命。

2. 跑不掉，要躲。有坏人靠近，马上找隐蔽的地方躲藏起来，不要出声，别让歹徒发现你，把手机或电话手表调到静音状态，在确定暂时没有危险的情况下，偷偷用微信或短信等不会发出声音的方式向家人求救，再由家人向警察报警。切记不要发出任何的声响！

3. 在跑不了、躲不了的情况下，要大声呼救，奋力反击。

中国人民公安大学的王大伟教授也曾经就校园突发事件的应急方案，给出以下的建议。[1]

1. 暴徒直接击打的轨迹往往朝着一个特定的方向。

2. 小朋友要在第一时间蹲下来。

3. 小朋友蹲下来之后，大人一般击打不到。

4. 小朋友蹲下来之后要马上呈起跑姿势，迅速逃跑。

这些动作是连在一起的，缺一不可。

---

① 载 http://www.sohu.com/a/338816490_99933733，最后访问日期：2019 年 9 月 9 日。

第七回　活着就是王道

少年程磊从记事开始就和爷爷奶奶在上海生活。由于政府的好政策，他们这些打工子弟，也可以和上海本地的孩子们一起，在明亮整洁的教室里读书、学习。但程磊从不觉得大城市有多好，总是闷闷不乐。他心里想的是，如果他能选，宁愿回老家念书。

爷爷奶奶每天起早贪黑，靠卖菜赚的微薄收入过日子，生活得很辛苦。程磊懂得心疼人，经常帮爷爷干活，从不喊累。

程磊体谅爷爷奶奶的辛苦，但爷爷奶奶不知道他的心事。爷爷每天早上骑着一辆破旧的三轮车送他上学，几个高年级的男生便会跟在三轮车后面，高声喊，“骑三轮车的土包子”。程磊经常无缘无故地遭到恶作剧。别人说他穷，说他丑，他都能忍；但他无法忍受别人侮辱爷爷，只要有人嘲笑、侮辱爷爷，他就会狠狠地和其打上一架。

程磊有一次和爷爷说想转学，但爷爷以为他只是不爱读书，还训斥了他一顿。此后，他再也不提这件事了。

这一天，程磊打起精神，骑车独自上学。快到学校了，班里几个男同学追着他的自行车开始嘲弄他，说他是穷鬼、丑八怪，程磊实在气不过，下车与他们厮打在一块儿。几个男生人多势众，程磊被打得鼻青脸肿，伤痕累累。他一声不吭，骑上车回了家。

他再也不想上学了。

爷爷奶奶平时种菜，菜园子就在他家的棚屋后面，平时经常帮爷爷干活的程磊知道家里放农药的位置。程磊明白，农药是有毒的，他捂着被打肿的脸，眼含热泪，缓缓地拿起了一瓶农药。此时的他心乱如麻，想起了爷爷奶奶对他的关怀，他禁不住泪如雨下；但一想到素日在学校受到的委屈，顿时又觉得生无可恋。他呆呆地看着农药瓶，狠了狠心，一下子拧开了瓶盖。

就在这时，不知什么东西突然飞进来，击中他手里的农药瓶，农药顿时撒了一地。

程磊愣住了。转身朝门外一看，只见一个小男孩和一个小女孩，站在门口，笑盈盈地看着他。孔明和飞鸿走进了棚屋，他们拉上程磊的手："屋里的味道太刺鼻了，咱们出来说话。"

他俩拉着程磊上了一辆出租车。"你们要带我去哪儿？"程磊问道。孔明笑着说："你连死都不怕，还怕和我们走不成？"

程磊想了一下，便上了出租车。车子直接开到了黄浦江畔。无人机直上云霄，孔明把眼镜摘下来递给程磊。程磊戴上眼镜后，被眼前壮观的景象惊呆了。浩浩荡荡的黄浦江，奔流不息，正午阳光照耀下的上海，如此的绚烂，如此的辉煌。程磊不由得流下了眼泪，

断断续续地说出了自己的故事。

孔明轻声说，“程磊哥哥，我们理解你的苦，知道你很不容易。如果你今天……那这么美的世界，你就看不到了。还有疼你的爷爷奶奶，他们有多伤心，你想过吗？”

程磊泣不成声。飞鸿从兜里拿出几张纸巾递给了程磊。孔明心生一计，“程磊哥哥，我们陪你去学校和那些欺负你的人理论理论怎么样？”

程磊看着这个比自己要矮上一头的小学生竟然敢这么说，差点笑出来。

但孔明下定了决心，“程磊哥，你放心，没有什么不可能，别看我们比你小，但我这位搭档，可厉害了，一会儿你就知道了。”孔明不由分说，拉着程磊就上了出租车。

到学校的时间，正赶上放学。

真是冤家路窄，他们走进校门正碰上那几个经常欺负程磊的男生，这几个男生吊儿郎当地走过来，“哎哟，穷鬼又来了？还以为你今天不来了呢？怎么回事，你爷爷怎么没骑那辆破三轮车来接你啊？怎么着，还带两个帮手，是你的弟弟妹妹吧，哈哈哈哈，要笑掉我们的大牙吗？”几个男生围了上来，一个男生伸手使劲儿推了一下程磊的头。

许久未练武的飞鸿，正想找人练练手。

“真是欺人太甚！”飞鸿大喊一声，一脚飞踹过去，那个男生还没看清怎么回事便仰面朝天摔倒在地。另一个男生很不服气，双拳挂风，直接砸向飞鸿的脸。程磊倒吸了一口冷气，这一拳要是打中，飞鸿的脸可就毁了，想要上去助她一臂之力。孔明一拉他的袖子，“程磊哥哥，你且看着便是，再来几个人都不是她的对手。”一边说，孔明一边悠然自得地扇起了折扇。

飞鸿沉着冷静，不慌不忙，脚底用力一蹬，一闪身转到男生背后，跨左步出右拳猛叩对方的后背，男生感觉耳朵嗡嗡作响，“啪”的一声趴在地上，摔了个狗啃屎。

剩下的几个男生，看到这个小姑娘如此厉害，一时间都被吓呆了，不敢靠前。

飞鸿抱了抱拳，“承让了各位，程磊是我哥，以后小心点，要是你们再欺负他，恕我不再留情。”

随后，三人转身离开，留下那几个男生面面相觑，目瞪口呆。

程磊心里那叫一个痛快，自从上学以来，他还是头一次这么开心。回到家见到爷爷奶奶，他露出了许久未见的笑容。

一周后，程磊收到了一封信：

程磊哥哥，我最喜欢的一句话是“宝剑锋从磨砺出，梅花香自苦寒来”。古往今来，多少人历尽磨难，但苦难摧毁不了人的意志，反而会成为人前进的动力。也许现在我们无法选择环境，但可以选择面对生活的态度。等到十年以后，那时的你再回头看，你就会觉得这些事情都没什么大不了的。你可以读书或者找心理医生，还可以学武术自卫，但不要放弃自己的生命，我们既然来到这个世界，就要好好地活一次。记住，在任何时候，都不要放弃希望。

孔明

相关法条要记牢

《中华人民共和国治安管理处罚法》

第四十三条 殴打他人的，或者故意伤害他人身体的，处五日以上十日以下拘留，并处二百元以上五百元以下罚款；情节较轻的，处五日以下拘留或者五百元以下罚款。

有下列情形之一的，处十日以上十五日以下拘留，并处五百元以上一千元以下罚款：

（一）结伙殴打、伤害他人的；

（二）殴打、伤害残疾人、孕妇、不满十四周岁的人或者六十周岁以上的人的；

（三）多次殴打、伤害他人或者一次殴打、伤害多人的。

《中华人民共和国预防未成年人犯罪法》

第三十八条 本法所称严重不良行为，是指未成年人实施的有刑法规定、因不满法定刑事责任年龄不予刑事处罚的行为，以及严重危害社会的下列行为：

（一）结伙斗殴，追逐、拦截他人，强拿硬要或者任意损毁、占用公私财物等寻衅滋事行为；

（二）非法携带枪支、弹药或者弩、匕首等国家规定的管制器具；

（三）殴打、辱骂、恐吓，或者故意伤害他人身体；

（四）盗窃、哄抢、抢夺或者故意损毁公私财物；

（五）传播淫秽的读物、音像制品或者信息等；

（六）卖淫、嫖娼，或者进行淫秽表演；

（七）吸食、注射毒品，或者向他人提供毒品；

（八）参与赌博赌资较大；

（九）其他严重危害社会的行为。

第三十九条 未成年人的父母或者其他监护人、学校、居民委员会、村民委员会发现有人教唆、胁迫、引诱未成年人实施严重不良行为的，应当立即向公安机关报告。公安机关接到报告或者发现有上述情形的，应当及时依法查处；对人身安全受到威胁的未成年人，应当立即采取有效保护措施。

第四十条 公安机关接到举报或者发现未成年人有严重不良行为的，应当及时制止，依法调查处理，并可以责令其父母或者其他监护人消除或者减轻违法后果，采取措施严加管教。

第四十一条 对有严重不良行为的未成年人，公安机关可以根据具体情况，采取以下矫治教育措施：

（一）予以训诫；

（二）责令赔礼道歉、赔偿损失；

（三）责令具结悔过；

（四）责令定期报告活动情况；

（五）责令遵守特定的行为规范，不得实施特定行为、接触特定人员或者进入特定场所；

（六）责令接受心理辅导、行为矫治；

（七）责令参加社会服务活动；

（八）责令接受社会观护，由社会组织、有关机构在适当场所对未成年人进行教育、监督和管束；

（九）其他适当的矫治教育措施。

请你读一读

面对校园霸凌，我们该怎么做？

《关于防治中小学生欺凌和暴力的指导意见》规定，对实施欺凌和暴力的中小学生必须依法依规采取适当的矫治措施予以教育惩戒，既做到真情关爱、真诚帮助，力促学生内心感化、行为转化，又充分发挥教育惩戒措施的威慑作用。对实施欺凌和暴力的学生，学校和家长要进行严肃的批评教育和警示谈话，情节较重的，公安机关应参与警示教育。对屡教不改、多次实施欺凌和暴力的学生，应登记在案并将其表现记入学生综合素质评价，必要时转入专门学校就读。对构成违法犯罪的学生，根据《中华人民共和国刑法》《中华人民共和国治安管理处罚法》《中华人民共和国预防未成年人犯罪法》等法律法规予以处置，区别不同情况，责令家长或者监护人严加管教，必要时可对其进行专门教育、专门矫治教育，或者给予相应的行政、刑事处罚，特别是对犯罪性质和情节恶劣、手段残忍、后果严重的，必须坚决依法惩处。对校外成年人教唆、胁迫、诱骗、利用在校中小学生违法犯罪行为，必须依法从重惩处，有效遏制学生欺凌和暴力等案事件发生。

同学们，面对校园霸凌，不要沉默，不要忍受，更不要以暴制暴。尽管大家看到飞鸿用功夫教训了欺负程磊的人，但飞鸿可是武术冠军，她是能控制自己的力道的，并且不到危急时刻，她是不会轻易出手的。小朋友们可不要随意出手伤人，受到别人欺负时，应当报告老师和家长，拿起法律武器保护自己才是最聪明的做法哦。

第八回 以爱的名义

上海营救行动完美收官后，孔明和飞鸿登上了飞往海南的飞机。

由于大雨，飞机晚点了一个小时，他们一到三亚便马不停蹄地转乘高铁，来到被誉为“槟榔之乡”的万宁市。此时，已近傍晚，刚下过一场大雨的万宁市让刚下火车的飞鸿和孔明感到神清气爽，一扫旅途的疲惫。小智指引他们来到一个老旧小区，小区人不多，没有保安，他俩来到了一个单元门前。

两人绕到房后，从一处脏兮兮的窗户往里看。这是很小的一间房，一张小床上凌乱地堆着脏衣服和小孩的玩具，旁边一张桌子上堆满了方便食物。再往里瞧，把他俩吓了一跳，一个瘦小的女孩抱着头蹲在门边，一个拎着皮带的男人好像喝了酒，眼睛通红通红的，正凶巴巴地冲着女孩喊：“你不是会顶嘴吗，看你还敢不敢！”说着就一皮带抽向女孩的后背，女孩已经无力闪躲，虚弱的样子让人心疼，她好像说了一句“爸爸，我不敢了，别打了”，就倒在了地上。飞鸿急得要冲进去，孔明轻声说：“别急，你赶紧打电话叫救护车；我进去看看，先制止他，不能让他再打人。”

在飞鸿打电话的同时，孔明深吸了一口气，带上帽子和眼镜，轻轻敲了敲房门："请问有人在家吗？快递。""什么快递，谁的快递啊？"醉汉很不情愿地打开房门，一股浓烈的酒味扑面而来，孔明个子小，从他胳膊底下一钻，直接跑进屋里，直奔里间。倒在地上的小女孩已经不省人事，胳膊上、腿上伤痕累累。孔明一把将她抱起来就往外跑。小姑娘非常瘦小，孔明感觉她轻飘飘的。醉汉冲进来挡住他，"你要把我闺女带哪去，臭小子，你要干什么？"冲上来就要抽打孔明。幸而飞鸿及时赶到，一脚踢中醉汉的膝盖，醉汉"哐啷"一声跪倒在地，飞鸿还想再踢他几脚。孔明拽着她说："救人要紧。"飞鸿只好强压怒火，将房门狠狠关上。

救护车来了，两人护送小女孩来到医院。小女孩的伤遍及全身，情况危重。抢救室外，孔明和飞鸿心急如焚，"我们来晚了，假如飞机正点，我们能早一个小时到，她就不会受这么重的伤。"两个人呆呆地看着医院抢救室进进出出的医护人员，期待着奇迹的发生。

时间仿佛过去了很久，抢救室的门打开了，医生摘下口罩问道："谁是小花的家属？"此时，两位老人急匆匆地迎了上去："我们是小花的爷爷奶奶。"医生说，小花伤势非常严重，幸好来得还算及时，经过抢救已经脱离了生命危险。不过身上的伤短时间内无法痊愈，需要家人好好照料。"怎么这么狠毒，要把孩子打死吗？"旁边的女医生忍不住责问。爷爷奶奶已经泣不成声，说不出话。这时，两个民警过来询问情况，爷爷奶奶止住抽噎，缓缓地说出小花的故事。

小花是个身世可怜的孩子，她还是个婴儿的时候，她爸爸就因抢劫罪获刑，去年刚刚出狱。她爸爸一进监狱，妈妈便离家出走，再没回来。小花一直和爷爷奶奶生活。爷爷奶奶今天要出去办事，所以让小花爸爸暂时照看一下女儿。小花爸爸脾气暴躁，容不得孩子顶嘴，于是下狠手打了孩子。说到这儿，小花的爷爷突然跪下来，替儿子求情："警察先生，我儿子是爱孩子的呀，他是为了教育孩子，他绝对不是故意的，能不能不抓他啊？"

警察赶紧扶起了老人，语重心长地说："老人家，教育自己的孩子也分怎么教育，像您儿子这样，把孩子都快打死了，就已经构成犯罪。你们啊，好好照顾孙女吧，儿子犯了法，就得承担法律责任。"

两位老人捶胸顿足："我们是作了什么孽，生了这么一个混账儿子啊。"

飞鸿这时松了一口气说："我心里刚才七上八下的，真怕小花抢救不过来，小姑娘太可怜了。你记得前一阵有一个新闻吗？一个妈妈心情一不好就打儿子，最后构成虐待罪被判刑了。小花爸爸这一定也构成虐待罪了，他也配做爸爸？"

听飞鸿说到了罪名的问题，孔明点了点头："最近你学了不少法律知识啊，进步很大，不过还不是很透彻。"孔明顿了顿，故意清了清嗓子，作出一副高深莫测的样子说："一知半解比无知更可怕哟。"看到飞鸿眼中一道寒光射出，孔明吐了吐舌头，立刻改口说："女侠学到很多知识，佩服佩服，然法律博大精深，我也只是略通皮毛。据我所知，虐待罪都是长期进行的，你说的那个案例，妈妈心情一不好就打孩子，那是经常、长期发生的，所以那个妈妈构成了虐待罪。今天是小花的爸爸脾气暴躁，拳打脚踢不说，还用皮带抽打小花，导致小花受了重伤。但这种伤害不是长期的，只是一时失控，所以他构成的应该是故意伤害罪。”

“什么，故意伤害罪？那是重还是轻呢？”飞鸿问道。

孔明想了想，说：“这个嘛，法官会根据犯罪情节做出判决的，故意伤害罪有时候判得比虐待罪还要重呢。”

飞鸿心想，祖国知识大赛的冠军还真不是徒有虚名。

她不由自主地感叹：“你怎么知道得这么多呢？”

孔明得意地说：“秘诀在于**如何利用闲暇时间**。很多重要的知识，都在课本之外。刘慈欣在闲暇时间写小说，写出了《三体》，得了世界大奖。你要是在闲暇时间学法律，说不定将来就成了法学家。我呢，就是因为利用闲暇时间博览群书，自然就懂得多一些了。”

飞鸿心想：“小诸葛读书破万卷，难怪懂得这么多，我要多向他学习！”

急救室

那天晚上睡觉前，孔明打开日记本，写道：

从第一次执行任务那天起到今天，已经快一周了。

那天在上海幼儿园，吓死我了，真的，从来没有如此害怕过。幸好，有小智，有飞鸿。虽然飞鸿有时候说的笑话一点都不好笑，但她还是喋喋不休地讲，她是故意逗我笑。谢谢这个朋友，多亏了她，我才不至于太难受。

幼儿园那个恶魔确实很可怕，接下来遇到程磊哥哥想要自杀、小花被爸爸家暴，我的心都碎了。这种感觉很不好，我原以为执行任务，救死扶伤，一定很酷、很帅，然而并没有。只是沉重，很重很重，心里像压着块石头一样。我觉得我好像有点长大了。

今天在海边，我看到在烈日的暴晒下，生长在沙堆里的仙人掌竟然开出了美丽的花朵，我看傻了。这是我第一次见到仙人掌开花。

仙人掌浑身是刺，生长在干燥的沙漠里，花朵竟如此娇艳，傲然挺立在炎炎烈日下，这是一种多么顽强的植物啊！

我的心被震撼了，它教会了我，即使在恶劣的环境下，依然可以活得精彩。

程磊哥哥、小花妹妹，希望你们都能像仙人掌一样，勇敢坚韧地生活，开出美丽的花朵。

相关法条要记牢

《中华人民共和国刑法》

第二百三十四条 故意伤害他人身体的，处三年以下有期徒刑、拘役或者管制。

犯前款罪，致人重伤的，处三年以上十年以下有期徒刑；致人死亡或者以特别残忍手段致人重伤造成严重残疾的，处十年以上有期徒刑、无期徒刑或者死刑。本法另有规定的，依照规定。

第二百六十条 虐待家庭成员，情节恶劣的，处二年以下有期徒刑、拘役或者管制。

犯前款罪，致使被害人重伤、死亡的，处二年以上七年以下有期徒刑。

第一款罪，告诉的才处理，但被害人没有能力告诉，或者因受到强制、威吓无法告诉的除外。

《中华人民共和国反家庭暴力法》

第二十一条 监护人实施家庭暴力严重侵害被监护人合法权益的，人民法院可以根据被监护人的近亲属、居民委员会、村民委员会、县级人民政府民政部门等有关人员或者单位的申请，依法撤销其监护人资格，另行指定监护人。

被撤销监护人资格的加害人，应当继续负担相应的赡养、扶养、抚养费用。

《最高人民法院、最高人民检察院、公安部、民政部关于依法处理监护人侵害未成年人权益行为若干问题的意见》

35. 被申请人有下列情形之一的，人民法院可以判决撤销其监护人资格：

（一）性侵害、出卖、遗弃、虐待、暴力伤害未成年人，严重损害未成年人身心健康的；

（二）将未成年人置于无人监管和照看的状态，导致未成年人面临死亡或者严重伤害危险，经教育不改的；

（三）拒不履行监护职责长达六个月以上，导致未成年人流离失所或者生活无着的；

（四）有吸毒、赌博、长期酗酒等恶习无法正确履行监护职责或者因服刑等原因无法履行监护职责，且拒绝将监护职责部分或者全部委托给他人，致使未成年人处于困境或者危险状态的；

（五）胁迫、诱骗、利用未成年人乞讨，经公安机关和未成年人救助保护机构等部门三次以上批评教育拒不改正，严重影响未成年人正常生活和学习的；

（六）教唆、利用未成年人实施违法犯罪行为，情节恶劣的；

（七）有其他严重侵害未成年人合法权益行为的。

第九回 好妹妹，别哭

此刻，飞鸿正坐在广西玉林一所小学校外的花园里，身旁是一个六七岁的小女孩。女孩很可爱，梳着马尾辫，扎着蝴蝶结，粉色的裙摆在风中飘荡，白里透红的脸蛋就像一个红苹果。如果从后面看，她俩就像姐妹俩，亲密地说着悄悄话。但走近一瞧，只见飞鸿怒目而视，双拳紧握，恨不得要把谁撕碎似的。小女孩大大的眼睛里满是悲伤，默默地流泪，抽泣着说："姐姐，我好怕。"女孩名叫可儿，在这所小学读书。她的名字，是孔明今天早上刚刚收到的。

因为连续多日没有休息好，孔明发了高烧。收到可儿的名字时，孔明还想努力挣扎着起身，但被飞鸿一把按住，"你都这样了，好好养病，我去吧。"孔明实在是起不来，尽管十分着急，但自己这个样子即使去了也帮不上忙，便叮嘱飞鸿："万一遇到危险，千万不要莽撞，冷静想好对策再出手，无人机的辣椒喷雾我都装好了，电池也是满的，你只要别忘了戴帽子和眼镜就行。怎么操作你都清楚，就是一定要冷静，不要急躁、不要生气，别仗着自己有功夫就逞强，有紧急情况就报警处理。"

“好了好了，知道了，我怕什么，神奇女侠岳飞鸿是也。你就把心放在肚子里，等我的好消息。你今天的任务是多睡觉、多喝水。”飞鸿接过无人机，小心翼翼地放到口袋里，戴上了帽子和眼镜。“帅呆了，女侠开始行动。”飞鸿给自己打气，想着要一个人执行任务，心里十分激动。

于是便发生了本篇开始的那一幕。

飞鸿找到可儿的时候，她正一个人在花园里待着，孤孤单单的。飞鸿主动上前，两人玩了一会儿就成了好朋友。飞鸿买了两只冰激凌，两个人坐在长凳上，一边吃，一边聊。飞鸿能看出来可儿有心事，便试探地说：“可儿妹妹，我和你说，我们班的一个男生，算是我的好朋友吧，他是特别有趣的一个人，很聪明，也爱帮助人，但缺点就是太喜欢吹牛。他读书好，你应该听说过祖国知识大赛吧，他得了冠军，我挺佩服他的。”可儿看着飞鸿，眼睛里亮晶晶的，她好羡慕飞鸿啊。她腼腆地笑了笑，然后低下头，扭着裙角说：“姐姐，我也有个秘密。”可儿小心翼翼的，脸上一副欲言又止的表情。飞鸿什么话都没说，只是握住她的手，可儿感受到了飞鸿手心的温度，顿时克服了恐惧，缓缓地说出了心里最隐秘的事。

“姐姐，可能是我自己不好。我很讨厌我们班的李老师。他总夸我懂事、听话、学习好。有一天，他要我去他的办公室改作业，办公室里拉着窗帘，黑黑的，他走过来摸我、亲我……我很疼，很怕，很难受。”

可儿说得断断续续，有些前言不搭后语，有些地方隐去了，但飞鸿也听明白了，大热天惊出了一身冷汗。同为女孩的她，当然懂得这对可儿意味着什么。

飞鸿的妈妈在飞鸿还没上学的时候就经常对她说：“每个女孩都是一个小公主，内衣、内裤遮住的地方是自己的秘密花园，在公主18岁之前，除了妈妈和经过父母允许的医生，公主的秘密花园是不能给任何人看的。”妈妈让她记住，如果有人想要进入公主的秘密花园，那**一定是恶魔**。爸爸自幼教她武术，也是希望她能保护自己不受伤害。

可儿头低低的，眼泪一个劲儿地往下掉：“姐姐，他今天还要我去办公室找他，我一点也不想去，我好怕……”

“冷静、冷静、冷静……”飞鸿对着自己说了十几遍“冷静”，外加二十几下深呼吸，终于平静了下来。她抱住了可儿：“好妹妹，别怕，听姐姐的，你今天不能去。姐姐已经学过这方面的知识了，他这样对你是犯罪，是要坐牢的。”

“姐姐，我怕，他是我的老师，他说其他女生都听他的话，如果我不听他的话，就会给我打零分，还要告诉我的爸爸妈妈。”

飞鸿心中的怒火沸腾了，一跃而起，在可儿面前打了一套拳，这套拳行云流水、虎虎生威，每一拳都好似打在禽兽老师身上。可儿破涕为笑，一边看一边鼓掌。

“可儿，姐姐学过武术，得过全国武术冠军，我的名字叫岳飞鸿，知道吧，黄飞鸿的飞鸿。别怕，今天一定不要去，姐姐有办法。”

飞鸿问清了李老师的办公室位置，决定孤身会一会这个禽兽教师。

在行动之前，飞鸿没有忘记孔明的千叮万嘱，她给自己制订了一个万全的方案。她先派出无人机小智，在李老师办公室以及宿舍周围侦查了一圈，结果无人机发回眼镜的实时视频显示，李老师正在办公室里欺负一个六七岁的女孩。飞鸿冷静地拨通了110报警电话："警察叔叔，我看到一个坏蛋正在猥亵儿童，地址是某某小学教师办公室，快来。"

打完电话，飞鸿以最快的速度跑到李老师办公室门外，用力地敲击房门，"咚咚咚、咚咚咚"，每一声都像是飞鸿的怒吼。听到敲门声的李老师惊恐不已，马上推开女孩，低声狠狠地说："弄好衣服，快！"

李老师整理了一下衣服，点燃了一根烟。他并不知道，他的末日即将到来。他一开门，看到门外站着的是一个眉清目秀的小姑娘，心就放下了，摆出了老师的威严："你有什么事？哪个班的？"

飞鸿义正词严地说："你涉嫌强奸和猥亵儿童，我是来送你进监狱的。"李老师大惊失色："你，你，你是谁，你在乱说什么？"说着，他一边向外探头看看有没有人发现，一边伸出手想把飞鸿拉进房间。

飞鸿冷笑了一声，起身一脚踢中恶魔老师的下半身，疼得他嗷嗷直叫。

此时，警察赶到，飞鸿指着李老师说："就是他，猥亵儿童，我看到了，我可以作证。"小女孩躲在李老师的办公桌后，吓得瑟瑟发抖，飞鸿赶紧过去抱住她，"小妹妹，别怕，我是可儿的姐姐，我是来救你的。"女孩瘫软在飞鸿怀里，痛哭了出来。

从公安局出来，已经晚上8点了，飞鸿心急如焚地往酒店赶，在酒店的餐厅看到正在一边看书一边吃面的孔明。

孔明抬起头看着飞鸿疲惫不堪的样子：“神奇女侠，难道你刚才去光明顶和六大门派决斗了不成？怎么看上去如此狼狈不堪？”

飞鸿拿起孔明的水杯，咕咚咕咚喝了一大杯水，接着把孔明碗里的面条用筷子挑出一大半到自己碗里，哧溜哧溜吃个精光。紧张了一天，她现在突然觉得饥肠辘辘。吃完面，飞鸿深吸了一口气，对孔明说：“首先，你要听到的事情，一定是你不想听到的。其次，如果你承受不了这种事，你可以选择不听，我就不说。再次，实在有些恶心，我刚吃得有点猛，万一我要吐，就糟糕了。最后……”孔明笑着打断

了飞鸿的话："女侠，你一向光明磊落，吞吞吐吐不是你的风格，今天遇到的事情一定凶险。培根说过，'把你的快乐分享给朋友，你会得到双倍的快乐，把你的忧愁诉说给朋友，你会减少一半的痛苦。虽然今天没有机会协助你完成任务，但至少我还是个好听众，帮你分担分担也是好的。"飞鸿很感动，难得孔明今天没有咬文嚼字，话里话外都是对朋友的关心，这一下子驱散了弥漫在飞鸿心头整整一天的阴霾。她不禁感叹，回到正常的世界，看到温暖的同伴真好。

飞鸿说："好吧，我确实也有些憋不住，还是和你说了吧。"

飞鸿把今天一整天的经历说出来后，感觉卸下了心头重担。而我们的小诸葛孔明却沉默了，这样的事情对于他们这个年纪的孩子而言实在是太可怕了。

还是孔明率先打破了沉默："咱们明天去查查资料，看看李恶魔要关多久？"飞鸿一听也来了精神："对，必须给他最严厉的惩罚，这些祸害小孩的大人，禽兽不如。"

"不过，女侠同志，你能不能先让我再点一碗面，你把我的晚饭都吃光了，我可是大病初愈啊。"孔明指着空盘子惨兮兮地看着飞鸿。

飞鸿被他的样子逗乐了："大病初愈才不能吃多啊！"

第二天，孔明不发烧了，恢复了精神头儿，两人饱餐了一顿后来到一家书店，搬了一大摞法律书，找到一个安静的角落开始查找法律规定和相关案例。

原来，针对性侵害未成年人的犯罪案件，除《中华人民共和国刑法》中的规定外，还有一个专门的司法解释《最高人民法院、最高人民检察院、公安部、司法部关于依法惩治性侵害未成年人犯罪的意见》。按照这个司法解释的规定，对幼女负有特殊职责的人员与幼女发生性关系的，以强奸罪论处，而且应当从重处罚。飞鸿看到这个规定后产生了新的疑问："像李恶魔这种老师中的败类，属于负有特殊职责的人，毫无疑问应当从重处罚。但究竟能判多重呢？"

飞鸿在一本书里读到一个真实案例。

被告人李轶在 2009 年暑期至 2011 年 6 月，采取带被害人外出玩耍、送钱、送小人书等手段，先后将 14 名 6 至 7 岁的幼女诱骗奸淫。而且李轶曾因犯奸淫幼女罪被判处有期徒刑十年，2004 年刑满释放。经人民法院审理认定，李轶"所犯罪行极其严重，社会危害极大，且系累犯[①]，应依法从重处罚。"法院依法判处其死刑，经最高人民法院核准，李轶已被执行死刑。[②]

看到这里，飞鸿找到了答案，性侵害未成年人犯罪最高判死刑。

"你看，这个李老师虽然不是累犯，但他作为老师，属于对未成年人负有特殊职责的人员，依法要从重处罚，他肯定是命悬一线

---

① 《中华人民共和国刑法》第六十五条第一款规定："被判处有期徒刑以上刑罚的犯罪分子，刑罚执行完毕或者赦免以后，在五年以内再犯应当判处有期徒刑以上刑罚之罪的，是累犯，应当从重处罚，但是过失犯罪和不满十八周岁的人犯罪的除外。"

② 载 http://m.88148.com/News/20170601100500.html，最后访问日期：2019 年 9 月 17 日。

了，这种人完全是罪有应得。真正应该关心的是可儿，还有其他那些受害的小女孩。发生这样的事情，她们一定不愿意也不敢告诉别人，如果这个案件公布出来，可儿的名字被公开了怎么办？”飞鸿指着书中的案例，有些担心地说道。

正在翻看一本法律书的孔明抬了抬眼镜说：“你提出了一个好问题，不过，立法者早就想到啦。法律有明确规定，不满16周岁的未成年人案件，一律不公开审理。”

“所以，你可以不用担心了。而且看这里，像可儿这样的案件，她的名字、地址、照片都不可以公布，连案卷资料都不能公开呢。”孔明一边看书一边讲给飞鸿听。

飞鸿心里有些安慰，执行任务还能学到这么多法律知识，她的收获非常大。但一想到可儿可怜的模样，飞鸿便不免感到难过。

飞鸿难以想象，这样的经历对于可儿意味着什么？会给她的心灵造成多大的创伤？她会不会认为这是自己的错？不，她千万不要这样想，她什么都没有做错。飞鸿灵机一动，拉着孔明来到心理学的书架，一边挑选一边说：“法律能保护我们，给我们伸张正义；但心里的伤，还需要自己来治愈。我要把这些心理学的书送给可儿，希望她能够把心里的伤治好。”

孔明眼里闪着光，说：“罗曼·罗兰说过，‘世上只有一种英雄主义，就是认清了生活的真相后依然热爱生活！’请把这句话写在书的扉页上送给可儿，希望她能做自己的英雄，勇敢无畏地走下去。”

相关法条要记牢

《中华人民共和国刑法》

第二百三十六条 以暴力、胁迫或者其他手段强奸妇女的，处三年以上十年以下有期徒刑。

奸淫不满十四周岁的幼女的，以强奸论，从重处罚。

强奸妇女、奸淫幼女，有下列情形之一的，处十年以上有期徒刑、无期徒刑或者死刑：

（一）强奸妇女、奸淫幼女情节恶劣的；

（二）强奸妇女、奸淫幼女多人的；

（三）在公共场所当众强奸妇女、奸淫幼女的；

（四）二人以上轮奸的；

（五）奸淫不满十周岁的幼女或者造成幼女伤害的；

（六）致使被害人重伤、死亡或者造成其他严重后果的。

第二百三十六条之一 对已满十四周岁不满十六周岁的未成年女性负有监护、收养、看护、教育、医疗等特殊职责的人员，与该未成年女性发生性关系的，处三年以下有期徒刑；情节恶劣的，处三年以上十年以下有期徒刑。

有前款行为，同时又构成本法第二百三十六条规定之罪的，依照处罚较重的规定定罪处罚。

第二百三十七条 以暴力、胁迫或者其他方法强制猥亵他人或者侮辱妇女的，处五年以下有期徒刑或者拘役。

聚众或者在公共场所当众犯前款罪的，或者有其他恶劣情节的，处五年以上有期徒刑。

猥亵儿童的，处五年以下有期徒刑；有下列情形之一的，处五年以上有期徒刑：

（一）猥亵儿童多人或者多次的；

（二）聚众猥亵儿童的，或者在公共场所当众猥亵儿童，情节恶劣的；

（三）造成儿童伤害或者其他严重后果的；

（四）猥亵手段恶劣或者有其他恶劣情节的。

《最高人民法院、最高人民检察院、公安部、司法部关于依法惩治性侵害未成年人犯罪的意见》

25. 针对未成年人实施强奸、猥亵犯罪的，应当从重处罚，具有下列情形之一的，更要依法从严惩处：

（1）对未成年人负有特殊职责的人员、与未成年人有共同家庭生活关系的人员、国家工作人员或者冒充国家工作人员，实施强奸、猥亵犯罪的；

（2）进入未成年人住所、学生集体宿舍实施强奸、猥亵犯罪的；

（3）采取暴力、胁迫、麻醉等强制手段实施奸淫幼女、猥亵儿童犯罪的；

（4）对不满十二周岁的儿童、农村留守儿童、严重残疾或者精神智力发育迟滞的未成年人，实施强奸、猥亵犯罪的；

（5）猥亵多名未成年人，或者多次实施强奸、猥亵犯罪的；

（6）造成未成年被害人轻伤、怀孕、感染性病等后果的；

（7）有强奸、猥亵犯罪前科劣迹的。

第十回　最好的爱是陪伴

坐在开往四川省达州市大竹县的汽车上，孔明和飞鸿都有些昏昏欲睡。两人发现，除了他俩，大部分的乘客都在埋头看手机。他们的邻座坐着一对母子，男孩子十一二岁的样子，表情很严肃，双手不停地在手机上点来点去，玩得不亦乐乎，可能是打游戏输了，他突然一拳砸向前面座椅的靠背。他的妈妈很生气：“你是不是有病？玩就玩呗，砸靠背干吗？”说着把手机从孩子手上狠狠地抢过来，“别玩了！”

男孩不甘心，不停地和妈妈哀求：“我不砸了，给我再玩一会儿，我保证一定不砸了。”妈妈被他磨得没办法，又把手机给了他。

飞鸿小声和孔明说：“不知道手机游戏有什么好玩的，我从来不玩游戏，天天盯着屏幕看，累都累死了。”

“你不碰是对的。游戏像毒品一样会上瘾的。游戏设计师就是要设计让人停不下来的电子游戏，有些游戏一开始是免费的，先勾引你入局，然后你只有投钱进去才能进入下一级，而且会越花越多，这样游戏开发商才能赚钱。但设计开发这些游戏的人大都不会让自己的孩子上瘾。这是因为，他们比谁都清楚，上瘾只能带来短期的快乐，却会破坏长期的幸福。”孔明低声回应道。

“前一阵，我听咱们班同学说，他们玩的一款手游推出了防沉迷系统，每天玩一个小时就强制下线，因为这事，他们可是发了不少牢骚。那样不就能控制玩游戏的时间了吗？”飞鸿低声问道。

“很难的！”孔明叹了一口气，朝男孩的方向努了努嘴。“你的账号上不去，可以用大人的账号玩；还有人在网上租号玩，总能想到办法。”

“嗯，我觉得可能真像吸毒一样，国家管得这么严，想吸毒的还是能找到毒品。”飞鸿有些担忧地说。

“你说的没错，”孔明接着低声说，“我看过一本书上说，对游戏上瘾的人每天都要上网 6 个小时以上，有些人被游戏迷住了，连厕所都不上，带着纸尿裤玩游戏。他们和吸毒的瘾君子没什么区别，所以有人把游戏比做‘电子海洛因’。”

“有什么不上瘾的办法吗？”飞鸿问。

孔明说：“任何上瘾的行为想要戒断都是难上加难，我觉得最好的办法就是不碰游戏，不要开始，千万别高估自己的自控力。其实好好想一想就知道了，不是你在玩游戏，而是游戏开发商在玩你。这样想，你还想玩吗？”

飞鸿摇了摇头，“当然不想了，我可不想被人控制。”

两个人低声聊天的时候，整个大巴车上除了他俩，没有一个人说话，都在低头看手机。而身边的那个男孩，在一个多小时的车程里，一直在低着头玩游戏，一刻没停。

到站了，男孩很不舍地把手机交还给妈妈，他妈妈一边拽着他走，一边训斥他："你看看你，又花了好几十块钱，钱是大风刮来的？天天这么花，家里早晚被你败光。"男孩一声不吭，闷头走在妈妈后面。孔明和飞鸿下车时刚好看到这一幕，母子俩越行越远，他俩才回过神，正事要紧。

孔明叫了一辆三轮车抵达小智提示的目的地。这是一栋崭新的居民楼，刚到楼下，孔明看到汽车上邻座那对母子迎面走来，"原来他们住在这里啊，任务对象会不会就是他们呢？"孔明心里暗暗嘀咕。

男孩还是那样，目光呆滞，一句话不说，一副郁郁寡欢的样子。他妈妈手里提了两个大包，十分吃力。到了单元门口，妈妈喊道："小明，帮我开一下门。"

"原来那个一直玩游戏的男孩叫小明，和我的小名一样。"孔明心里一动。

飞鸿跟着他们进了楼道，男孩和妈妈上了四楼，打开四楼右侧的房门，进了屋。过了一会儿，飞鸿急匆匆地跑出来，气喘吁吁地说："真巧，小智给出的地址，就是刚才那个男孩的家。为了不被发现，我又爬到七楼才下来的。"

"厉害，你以后当个侦探保准行！"孔明冲飞鸿竖起了大拇指。

孔明带上帽子和眼镜，启动了无人机。从眼镜里看到，小明和妈妈正在激烈争吵，妈妈气得不行，一巴掌扇到小明脸上，小明用一种仇视的目光狠狠地瞪着妈妈，然后转身走进了厨房，拿起了一把菜刀。

“他要去干吗？他这是要拿菜刀去……”孔明被自己的想法吓了一大跳。好在小诸葛已经练就了临危不乱的本事，他深吸了一口气，稳了稳心神。

就在小明拿起菜刀要走出厨房的同时，无人机从阳台飞进来，猛地撞上小明的手。“哎呀，疼死我了！”菜刀哐啷一声掉在地上。疼痛让小明瞬间恢复了理智。

“小智，马上撤离。”孔明下达指令后，便和飞鸿上楼敲开了小明家的房门。

“阿姨您好，我们是小明的朋友，正好路过，想进来看看他行吗？”

小明的妈妈有点迟疑，但一看他俩的样子不像坏孩子，就喊道，“小明，你的朋友来了。”

此时小明惊魂初定，右手应该是被无人机撞得不轻，被他捂得紧紧的。他愣愣地看着他俩，不知道是怎么一回事。

“阿姨，让我们单独聊聊行吗？”

“好吧，我给你们烧水去。”

“小明，你可能不认识我们，但我们认识你……”飞鸿从口袋里拿出一包创可贴，“给，贴上吧。”

“我们刚才救了你。因此，我们算是你的救命恩人。”

“你们……救了我？”小明接过创可贴，把手上的伤口贴好，疑惑地问。

“是的，因为我们，你才没有犯下弥天大罪。如果你真的拿起那把刀，你知道后果吗？你会后悔一辈子的。”孔明很严肃地看着小明说。

小明沉默了好一阵，然后突然吼出一句：“我恨她！她没管过我，就爷爷奶奶对我好。她和爸爸都不在家，她凭什么总是训我、打我！”

“我们能理解你的感受。你的妈妈不能陪着你，你一定很孤单吧，所以你才喜欢玩游戏。但你要想想，妈妈一定是爱你的，她只有出去打工赚钱，才能供你读书啊。”飞鸿轻声说。

“钱钱钱，都是钱，从小到大，她一共在家待过几天？她凭什么？凭什么？”小明有些激动，捂着脸呜呜哭了起来。

这时，妈妈进了屋，她抱住小明，两人抱头痛哭。

等到母子二人平静下来，小明妈妈端上来两杯水和一些点心，“谢谢你们啊，你们和他说说话，他好像懂事多了。要是没有你们，今天真不知道要出什么大事。”说着，小明的妈妈又掉了泪。

“阿姨，赚钱是很重要，但也不能光顾着赚钱。小明很孤单，他需要你们的陪伴，你们多陪陪他，游戏就没那么有吸引力了。我们的爸爸妈妈一到周末，就带我们去博物馆和图书馆；寒暑假我们也经常一家人出去旅行，其实不需要那么多钱，一家人在一起，才是最开心的。”

此时，小明的眼里又充满了泪水。他有满肚子的委屈。爷爷奶奶只能保证他吃饱穿暖，但不关心他心里在想什么；爸爸妈妈常年在外，春节回家也很少和他沟通交流，一说话就吵架。家里的氛围总是很紧张，没有人理解他，没有人关心他的感受。他只能在虚拟世界里纵横驰骋，在那里，他是王者，威风八面。但每次玩游戏之后，小明心里总是空荡荡的，仿佛只有不停地玩儿，心里才不空。

孔明接着对小明说：“小明，今天的事我们绝对不会告诉别人。但你要保证，以后不玩游戏，多看书行吗？《哈利·波特》系列就很有趣，我敢保证，比游戏有意思。哈利一岁的时候爸妈就被恶魔杀害，他是个孤儿，从小被寄养在姨妈家，姨妈和姨夫对他非常不好，他还有个胖表哥，有事没事就欺负他，他受尽了委屈，直到后来进了魔法学院……”小明不哭了，认真听孔明讲故事，但正说到关键，孔明突然停下不说了：“你应该自己去读一下，咱们定期通信，聊一聊书的内容，但不能网聊，只能写信哦。”

小明含着泪，用力点了点头。

那天晚上睡觉前，孔明拿出日记本，写道：

今天遇到了一个同龄人，连小名也相同。只不过，他一直活在虚拟的游戏世界里，体会不到真实世界的乐趣。

他是留守儿童，妈妈很少陪伴他，我想这是他沉迷游戏的主要原因，也是他今天拿起菜刀的根源。

我真希望他能和我一样，体会到读万卷书的乐趣。而且，我现在还实现了行万里路的梦想。我真的很幸运，有爱我的爸爸妈妈，还有那么多书籍陪伴我。

原本，我是很瞧不起那些沉迷游戏的小孩的，觉得那些人一点自制力都没有，但今天小明的事，让我改变了看法，他们迷恋游戏都是有原因的。我不能因为自己的幸运，就去批评那些身处困境的人，因为我不是他们，无法体会他们的辛苦。

与我相比，他想要飞往他的山①，就要付出更大的代价。但我坚信，只要他跨越过去，他将成为生活的强者，因为孟子那句话说得极好：天将降大任于是人也，必先苦其心志，劳其筋骨，饿其体肤，空乏其身，行拂乱其所为，所以动心忍性，曾益其所不能。

希望所有身处孤独、空虚、无助的人，都能翻越自己的高山。

---

① 此处指孔明读过的一本书《你当像鸟飞往你的山》，该书讲述了一个17岁前没上过学的女孩，凭借自己的努力，通过自学获得剑桥大学博士学位的励志故事。她的经历充分说明，教育所拥有的神奇力量能够使人逐步摆脱原生家庭的限制，成为勇敢的自己。

相关法条要记牢

《中华人民共和国刑法》

第二百三十四条 故意伤害他人身体的，处三年以下有期徒刑、拘役或者管制。

犯前款罪，致人重伤的，处三年以上十年以下有期徒刑；致人死亡或者以特别残忍手段致人重伤造成严重残疾的，处十年以上有期徒刑、无期徒刑或者死刑。本法另有规定的，依照规定。

《中华人民共和国未成年人保护法》

第六十九条 学校、社区、图书馆、文化馆、青少年宫等场所为未成年人提供的互联网上网服务设施，应当安装未成年人网络保护软件或者采取其他安全保护技术措施。

智能终端产品的制造者、销售者应当在产品上安装未成年人网络保护软件，或者以显著方式告知用户未成年人网络保护软件的安装渠道和方法。

第七十一条 未成年人的父母或者其他监护人应当提高网络素养，规范自身使用网络的行为，加强对未成年人使用网络行为的引导和监督。

未成年人的父母或者其他监护人应当通过在智能终端产品上安装未成年人网络保护软件、选择适合未成年人的服务模式和管理功能等方式，避免未成年人接触危害或者可能影响其身心健康的网络信息，合理安排未成年人使用网络的时间，有效预防未成年人沉迷网络。

第十一回　失控的电动车

邓爷爷今年70岁。退休后，邓爷爷没闲着，和老伴儿一起带孙子。小孙子豆豆活泼可爱，今年刚上小学。豆豆平时住在爷爷奶奶家，周末才回爸爸妈妈家。邓爷爷身体很硬朗，每天送完孙子上学，他还要去菜市场买菜，然后和老朋友们打一会儿太极，下午和老伴儿逛公园，每天都如此，充实而幸福。

学校放暑假了，豆豆的妈妈给豆豆报了个课外辅导班，离家有些远。邓爷爷想买一辆老年代步车。他看到院里的老王头和老张头都买了这种车，每天开车接送孙子、孙女特别方便。每次老王头开着代步车见到邓爷爷，都神气地冲邓爷爷鸣一声喇叭。邓爷爷觉得自己也应该买一辆，这样接送豆豆更方便，特别是冬天，孩子不受冻。

邓爷爷便和儿子小邓说了自己的想法，小邓有点担心："爸，这个车不安全，咱还是尽量步行或者坐公交车比较好。"但邓爷爷很固执："买这个车，就在家附近开开，又不去远的地方，怕什么？再说，这车怎么着也比自行车安全吧。"小邓虽然还是不大放心，但拗不过老爸，于是陪着邓爷爷找到一家正规的代步车专营店，精挑细选，选中了一辆红色的代步车。当天，邓爷爷就把新车开回了家。

那天之后，邓爷爷接送豆豆上下课都开着这辆代步车。豆豆很喜欢这辆代步车，还给它取了个好听的名字，叫作“小红”。邓爷爷也很高兴，“小红”很好开，它个头小，停车非常方便，这可是个很大的优势。特别是在接送孩子的时候，“大块头”车辆很难找到停车位，只能停在路边，动不动就被“贴条”[1]。而“小红”因为身材“娇小”，邓爷爷随便找个空儿，就能停进去，这可方便多了；而且，这车没有牌照，即使违章停车，摄像头拍着了，也不会被罚款。邓爷爷觉得自己这个决定实在是太英明了。

距离邓爷爷的家 1 公里外，有一个大社区，王潇就住在这个社区。王潇今年 16 岁，刚上高一，他是个冰球健将，从小练习打冰球，已经入选了省队。暑假期间，王潇每天都要参加集训。由于集训地没有公交，王潇便央求父母为他买一辆电动自行车。他早就想要一辆了，他们班好几个同学都骑着电动车上学。还有一个最主要的理由他没好意思说，他心仪的一个女生每天都骑着电动车到学校，他特别喜欢看她摘下头盔，然后甩头发的样子，实在是太帅了。多亏了这次冰球集训，爸妈终于同意给他买一辆电动自行车。王潇选了

---

① “贴条”是指发生违章停车后，警察或者协警记录违章车辆，给车辆贴上罚单的执法行为，一般每次违章停车罚款 200 元。

一辆宝蓝色最新款的电动自行车，配了一个明黄色头盔。他迫不及待地骑上他的爱车，用最快的速度回了家，耳边的风在呼啸，王潇的心雀跃不已。他期待着，开学后可以开着他的“小蓝”和心仪的女孩同行。

邓爷爷和王潇，本来不会有交集。但在那个暑热难当的早上，在那个因为修路而泥泞不堪的路口，“小红”和“小蓝”不期而遇了。王潇本来不该走那条路的，但他那天起晚了，担心集训要迟到，便抄了近路。这是个“要命”的决定，因为他所谓的抄近路，实际上是在机动车道上逆行。

王潇当时可没想那么多，在酷暑天骑车，实在是太热了，他就想着赶紧到达训练基地，在冰场上滑上几圈，好好凉快凉快。

同一时间，邓爷爷开着“小红”，载着孙子豆豆，慢悠悠地行驶在机动车道，他们要去上外语课。邓爷爷眼神儿不好，所以他很小心，一直开得很慢。但孙子总催促爷爷：“开快一点爷爷，爷爷请开快点！”为了哄孙子开心，邓爷爷眯着眼看了看，发现前面没有车，便狠狠踩了一脚油门，将车速提到了45km/h[①]，但他没有注意到路边的限速标志红色圆圈里面的数字：30[②]。

正在这时，逆行而上的“小蓝”从路口拐弯处仿佛幽灵一般飘

① km/h 指的是速度单位——千米每小时。

② 意思是这条街限速30km/h，而邓爷爷的车速是45km/h，邓爷爷超速了。

到邓爷爷的“小红”前，“小红”和“小蓝”擦出了火花，顿时电光火石，来不及刹车的王潇顿时被甩到大街上，头破血流，眼前的一切渐渐模糊，他怎么都不会料到，自己年轻的生命会定格在这里。

“小红”也被撞得稀巴烂，破碎的车窗玻璃和车内零件散落一地。扭曲的车体将邓爷爷和小孙子牢牢卡住，生命危在旦夕。

“小红”和“小蓝”的相逢是一起血案，使两个家庭都痛不欲生，如果能重来，邓爷爷还会坚持买“小红”代步吗？王潇还会对“小蓝”情有独钟吗？

一定不会的。

但生命能重来吗？

原本是不能的。

车祸发生前一天，小智已经通知孔明，这里要发生一起车祸。

在车祸发生前一小时，孔明和飞鸿便守在路口，当王潇一路逆行准备拐弯的时候，孔明冲上去拦住了他。王潇非常不高兴，正要发飙的时候，突然传来一个声音，他回头一看，吓坏了，只见一个交警叔叔正神情严肃地盯着他。交警叔叔看了看王潇，又看了看他这辆电动自行车，拿出一个小本边写着什么边说：“你好，请出示行驶证和身份证”。王潇很心虚，头上冷汗直冒：“叔叔，我错了，刚买的车，还没来得及登记，所以没有行驶证。”他很诚实，羞愧地低下了头。交警一边记录，一边说：“你这辆电动自行车属于非机动车，经公安机关交通管理部门登记并领取牌证后，才能上道路行驶。

根据《中华人民共和国道路交通安全法》的规定，要对你处以罚款，同时要扣留你的电动自行车。”

王潇低头不语，交警叔叔语重心长地说：“孩子，交通安全无小事，今天你被罚了，车被扣了，可能你觉得不高兴，我却很高兴，因为你还活着。你知道如果发生了交通事故后果有多严重吗？我上星期刚处理了一起交通事故，就是电动自行车逆行，被大货车撞了，造成两死一伤，其中一个死者比你还小呢。骑电动车真不是闹着玩的，是性命攸关的事。”王潇听了，不禁感到脊背发凉，一阵后怕，他忽然感到庆幸：因为和那起事故的死者相比，他还可以吃饭、可以睡觉、可以做好多好多事。但那些因为交通事故而不幸遇难的人再也没有机会了。想到这儿，王潇真诚地对着交警叔叔鞠了一躬：“谢谢您，给我上了宝贵的一课。”

王潇话音未落，邓爷爷的“小红”疾驰而过。交警叔叔皱了皱眉，骑上警用摩托车鸣笛上前拦截，“小红”只好乖乖靠边停下。“老大爷，您这车不能上路。请您出示驾驶证、行驶证。此外，您刚刚超速了，根据《中华人民共和国道路交通安全法》《中华人民共和国道路交通安全法实施条例》的规定，您驾驶的是违规的低速电动车，车本身安全系数差，没有经过碰撞测试，不能上路。而且您车速这么快，非常容易侧翻，一旦和机动车相撞，后果不堪设想。”

“小红”被交警叔叔以无牌、无证为由扣留。邓爷爷需要去交警队办理相关手续才能将车取回。郁闷的邓爷爷领着豆豆下车，准备步行回家。邓爷爷心里是很不高兴的，他觉得，这么多人都开这种代步车，为什么单单罚我？他觉得倒霉，但又不好冲着交警发作。

孔明看出来邓爷爷的不满，便说："老爷爷，您别不高兴，您看看这个。"孔明找到一段交通事故的视频，只见视频里一辆老年代步车在十字路口转弯时，被一辆直行的大货车瞬间碾压，一个老人倒在血泊中，现场一片狼藉。"爷爷，安全是大事，开代步车只是为了一时的方便，但万一出了这样的事故，那可是后悔莫及啊。您看您的小孙子多可爱啊，为了孙子，您也不能再开这个车啦。"

邓爷爷说："小朋友，谢谢你啊，我没想过后果这么严重，这次我记住了，安全最重要，不该冒这么大的风险。"看着邓爷爷和小孙子一老一小远去的背影，孔明和飞鸿相视一笑。

那天晚上，孔明在日记里写道：

邓爷爷的代步车，王潇的电动车，都给他们带来了方便，但这种方便是建立在违反规则的基础上的。而违反规则的代价，可能是车毁人亡。

和生命相比，那些短暂的方便似乎不值一提，但为什么还有很多人，宁可违背规则，也要寻求方便呢？

似乎是侥幸心理在作怪。

事故发生在别人身上的时候，人们总是觉得危险离自己很远。别人逆行没事，别人开电动车好好的，别人超速驾驶，别人没系安全带……总是这么想的话，慢慢地就会丧失警惕。

今天的事，给我很大的警示。因为我也闯过红灯，也经常过马路的时候不走斑马线，不也是违反了交通规则吗？今后，决不能再掉以轻心了，即使坐爸爸的车，也要系好安全带才行。

孔明写到这儿，合上了日记本，他反思了自己平时违反规则的行为，还真想到了不少。孔明觉得，通过对别人行为的观察很容易发现自己存在的问题，应当引以为戒，毕竟从别人的故事中吸取教训，总比自己被教训一顿强。但显而易见的是，大多数人都并不擅长这一点。

相关法条要记牢

《中华人民共和国道路交通安全法》

第十八条 依法应当登记的非机动车，经公安机关交通管理部门登记后，方可上道路行驶。

依法应当登记的非机动车的种类，由省、自治区、直辖市人民政府根据当地实际情况规定。

非机动车的外形尺寸、质量、制动器、车铃和夜间反光装置，应当符合非机动车安全技术标准。

第五十七条 驾驶非机动车在道路上行驶应当遵守有关交通安全的规定。非机动车应当在非机动车道内行驶；在没有非机动车道的道路上，应当靠车行道的右侧行驶。

第五十八条 残疾人机动轮椅车、电动自行车在非机动车道内行驶时，最高时速不得超过十五公里。

《中华人民共和国道路交通安全法实施条例》

第七十二条 在道路上驾驶自行车、三轮车、电动自行车、残疾人机动轮椅车应当遵守下列规定：

（一）驾驶自行车、三轮车必须年满12周岁；

（二）驾驶电动自行车和残疾人机动轮椅车必须年满16周岁；

（三）不得醉酒驾驶；

（四）转弯前应当减速慢行，伸手示意，不得突然猛拐，超越前车时不得妨碍被超越的车辆行驶；

（五）不得牵引、攀扶车辆或者被其他车辆牵引，不得双手离把或者手中持物；

（六）不得扶身并行、互相追逐或者曲折竞驶；

（七）不得在道路上骑独轮自行车或者2人以上骑行的自行车；

（八）非下肢残疾的人不得驾驶残疾人机动轮椅车；

（九）自行车、三轮车不得加装动力装置；

（十）不得在道路上学习驾驶非机动车。

第七十四条 行人不得有下列行为：

（一）在道路上使用滑板、旱冰鞋等滑行工具；

（二）在车行道内坐卧、停留、嬉闹；

（三）追车、抛物击车等妨碍道路交通安全的行为。

第十二回 别和陌生人走

陈梅香今年50岁，在农村出生，因为家里穷，十几岁就外出打工。她文化水平低、收入少，一直是勉强维生。直到有一天，最早进城打工的老乡胡大平打起了她的歪主意。胡大平说：“现在什么生意都不好做，但我给你指条路，保准你赚大钱。”陈梅香想都没想就答应了，她实在太缺钱了。只要给她钱，她什么都愿意干。古人说的好，“穷且益坚，不坠青云之志”。但这些话在陈梅香看来都是骗人的，肚子都吃不饱，谈那些志向有什么用。她信奉的是另一句话：人不为己，天诛地灭。

和胡大平一起做生意不到两年，陈梅香家里就盖起了两层大砖房。她脸上的笑容藏也藏不住。有了钱，陈梅香腰杆硬了，背也直了。身上的衣服虽然不是什么名牌，但也看得出不是普通的“地摊货”。有些从不登门的远房亲戚也开始上门来嘘寒问暖。她虽然开心，但从来不借钱给别人，因为她知道这钱来得不容易。她有时候做噩梦，梦里是孩子撕心裂肺的哭声。有时她从梦中惊醒，用手搓一把脸，再拍拍自己的心平复一下，觉得自己也是为了生活，全家都要靠她的收入养活，也就欣慰了。

陈梅香很感激胡大平，虽然她知道胡大平赚的是大头，但她觉得要不是胡大平就没有她陈梅香的今天的好日子，所以她对胡大平死心塌地，唯命是从。胡大平看中的就是她老实、听话。还有一点也很重要，陈梅香外表朴实，看上去慈眉善目，擅长和人套近乎。胡大平的确识人有术，陈梅香的加入让他们的生意风生水起。

他们这个生意说来也不复杂，陈梅香的任务是去和带孩子的老人套近乎，闲聊天儿，逗人家的孩子玩儿。有的老人大意了，觉得她不像坏人会让她抱抱小孩，自己好抽空去上个厕所，或者去看一眼人家打牌。趁着这个空当儿，陈梅香就会抱起孩子迅速离开，坐上胡大平的车疾驰而去。有时，她还会带着零食和玩具去小学校门口转转，看到落单的小学生，她就装着过去问路，小学生往往会很热心地告诉她怎么走。她接下来会说："小朋友，奶奶不认路，你能给我带路吗？"有些善良的小学生没有戒备心便给她带路，直到走到胡大平的车旁边，就被他们掳上了车。一个又一个孩子就这样被他们拐走。这些孩子到了新的家庭，有了新的名字，人生也从此被改变。而他们原来的家庭则陷入痛苦的深渊。陈梅香并不认为自己有什么错，卖掉孩子而已，和卖菜卖肉没什么区别。

陈梅香越来越得心应手，这个月已经成交了两笔"生意"，一万多块进了她的腰包。她希望今年年底再买一套新房子，给儿子结婚用。一想到自己的儿子，陈梅香就动力十足，更加卖力地寻找孩子。

她这几天看中了一个一岁多走路还不大稳当的小女孩，只有一个 70 多岁的老奶奶在照看她，陈梅香和孩子奶奶聊了几天，逐渐混熟了。老奶奶平时看孩子比较无聊，见有人爱听她讲话，便打开了话匣子。这天天气很热，其他的小孩子都回家了，周围正好没人。小姑娘自己在玩土，手上弄脏了。陈梅香说："来，奶奶带你去洗洗。"说着就要去抱孩子。孩子奶奶警惕性挺高，连忙摆手说："不用，不用。"但陈梅香看到此时周围没有人，正是动手的好机会，于是不再恋战，抱起孩子就跑。孩子奶奶腿脚不利索，只能跟在后面边追边喊："你干什么抢我的孙女，快把我的孙女还给我，救命啊！快来人啊！人贩子抢孩子啊！"陈梅香一边跑，一边喊："我是孩子的姥姥，我还不能抱孩子吗？我闺女想孩子想疯了，还不许我抱回去看看？"这当然是陈梅香编出来的瞎话，好几个行人路过都以为是家务事，没人出手相助。孩子奶奶几近绝望，跑也跑不动，瘫倒在路边，哭喊着："快抓她，她是人贩子，要拐我的孙女啊！"这时，一双温暖的小手把奶奶扶起："奶奶，别担心，您等我，我一定把孙女给您追回来。"说话的不是旁人，正是咱们的主人公飞鸿。

原来孔明和飞鸿早就得到了消息。二人分好工，飞鸿负责跟住陈梅香，而孔明则负责指挥无人机去拦截胡大平。

此时，胡大平正开着车驶向与陈梅香约定好的路口。突然，他看见一团黑影径直撞向汽车的风挡玻璃，他连忙打方向盘，结果车速过快导致车辆侧翻，他被压在里面动弹不得，真是恶有恶报。

陈梅香心急如焚，抱着孩子一边跑，一边搜寻胡大平的车。明明约好在这个路口，他怎么还没来？她心里有种不好的预感，正想着自己是不是记错路口了，飞鸿已经神不知鬼不觉来到她背后，一个扫堂腿把她绊倒在地。令飞鸿没想到的是陈梅香动作居然很敏捷，被绊倒后一跃而起，孩子也没脱手。陈梅香一看飞鸿的架势，就知道这个小丫头不好对付，而且胡大平迟迟不到也让陈梅香心烦意乱。她琢磨着今天这单买卖要泡汤，于是眼一横，心一狠，把手中的小女孩就往河里抛去。“啊！”飞鸿惊呼了出来。

千钧一发之际，孔明飞奔赶来，一把接住了孩子。再晚一点的话，小女孩就要掉进河里，生死难料了。

陈梅香本想扔了孩子，甩掉飞鸿，没想到又来了一个小孩，这下她只有跑为上计了。飞鸿紧追不舍，陈梅香哪里跑得过飞鸿，一下子被飞鸿从后面一脚踢倒。陈梅香年纪虽大，但身体很灵活，就势几个翻滚。说时迟、那时快，飞鸿纵身猛地向前一跃，一脚蹬过去，疾如闪电，正踢中陈梅香的膝盖。陈梅香疼得嗷嗷直叫，翻身跌下了土坡。

被孔明一把接住的小女孩，不知道自己刚刚经历了一场生死考验，看着孔明上气不接下气的样子，小女孩还咯咯地笑了起来。这

时，小女孩的奶奶气喘吁吁地赶到，看到孩子安然无恙，老奶奶泣不成声："谢谢你小英雄，你救了我和孙女的命啊。要是孙女丢了，我也不活了。""奶奶，您抱好小宝宝，我要去追那个人贩子了，您慢点啊！"孔明说着便急匆匆地跑开，老奶奶在后面喊："小英雄，你叫什么名字啊？"

孔明摆了摆手，一溜烟儿跑远了。他戴着眼镜搜索周边，一眼看到土坡下面的飞鸿，赶紧飞奔过去，眼前的一幕却让他差点儿笑出声。

只见飞鸿怒目圆睁，双手紧紧扭住陈梅香的胳膊，膝盖抵在陈梅香的后腰处，压得她动弹不得。飞鸿大声呵斥："人家辛辛苦苦养大的孩子，你去抢来卖掉，这叫伤天害理；你不思悔过，明知道今天跑不掉，竟然要把孩子扔进河里，这叫谋财害命；你说说，你还有脸做人吗？真是禽兽不如！"陈梅香此时面如死灰，毫无还手之力。飞鸿骂得痛快淋漓，真想一顿流星拳好好地捶打她一顿，好出了这口恶气。但我们的女侠还算克制，因为警车已经呼啸而来，警察会和这些人贩子算账的，法律绝不会轻饶这些拐卖孩子的坏人。

那天临睡前，孔明又拿出了日记本，写道：

今天一战，飞鸿尽显女侠本色，我们成功救下了小女孩。我不敢说自己是英雄，但我觉得，飞鸿是真英雄。飞鸿怒斥人贩子，痛快极了，当时我差点给她鼓掌。

我不懂，为何有人可以不顾良心做那些伤天害理的事呢？为了钱，就可以卖掉别人的孩子？在这些人看来，人的生命是可以用钱来衡量的。很多犯罪行为也都是因为贪财而起。钱真的那么重要吗？

我爸爸在大学工作，应该赚钱不多，但他总是乐呵呵的。姑姑是大公司的领导，住别墅，每到春节，她给我的压岁钱总是最多的。但每次见到她，都感觉她很累很累，她和姑父离了婚，两个人正在为谁来抚养孩子打官司。姑姑应当算是有钱人了，但她看起来很不开心。因此，钱既带不来快乐，也无法保证幸福。

孔明合上日记，闭上眼睛，为自己能思考出这样的结论而感到开心。不过，又有一个问题浮上他的脑海，既然钱没那么重要，那么，人生中什么事才是重要的呢？

相关法条要记牢

《中华人民共和国刑法》

第二百四十条 拐卖妇女、儿童的，处五年以上十年以下有期徒刑，并处罚金；有下列情形之一的，处十年以上有期徒刑或者无期徒刑，并处罚金或者没收财产；情节特别严重的，处死刑，并处没收财产：

（一）拐卖妇女、儿童集团的首要分子；

（二）拐卖妇女、儿童三人以上的；

（三）奸淫被拐卖的妇女的；

（四）诱骗、强迫被拐卖的妇女卖淫或者将被拐卖的妇女卖给他人迫使其卖淫的；

（五）以出卖为目的，使用暴力、胁迫或者麻醉方法绑架妇女、儿童的；

（六）以出卖为目的，偷盗婴幼儿的；

（七）造成被拐卖的妇女、儿童或者其亲属重伤、死亡或者其他严重后果的；

（八）将妇女、儿童卖往境外的。

拐卖妇女、儿童是指以出卖为目的，有拐骗、绑架、收买、贩卖、接送、中转妇女、儿童的行为之一的。

请你读一读

1. 不要吃陌生人给的零食，因为犯罪分子有可能会在食物里下迷药。

2. 与同学结伴走，不要落单。

3. 陌生的大人找你帮忙时，要提高警惕。因为一个成年人通常是不会寻求小朋友的帮助的。

4. 一旦与家人走散，请牢记爸妈的电话和家里的地址。

5. 一旦有人用暴力的方式把你带走，如果周围有人，记得大声呼救，朝人多的地方跑。被劫上车也不要慌，不要激烈抗拒以免刺激歹徒，冷静寻找机会，一旦有机会接触其他人，便大声哭闹，引起别人的注意。

6. 坏人可以骗，关键时候可以踢人，有机会就要夺路而逃。

7. 最后要牢记，报警电话 110，找机会报警，警察会保护你的。

第十三回　冲动的代价

周游，13 岁，初中二年级学生。他个子高，身体壮，要是不认识的人看到他，绝对想不到他只有 13 岁。不过，只要他一开口说话就很容易看出，他还只是一个稚气未脱的孩子。

周游有个难以启齿的秘密。

去年，他在网吧认识的一个朋友给他看了一些未成年人不宜的视频。那些画面让他整夜睡不着觉，成天迷迷糊糊的。他开始放纵、沉迷于这种感受，看这种东西容易上瘾，尽管看的时候热血沸腾，看完却觉得心里空荡荡的，还会忍不住一看再看。他不明白这是青春期的特殊生理反应，应该寻求家长的帮助；他讨厌自己，觉得这种事说出去丢人，何况他的父母每天忙于工作，完全没有留意到儿子有这方面的困扰。

渐渐地，看视频让周游觉得不过瘾了。有一天他突发奇想："要不找个真人试试？"他被自己的念头吓了一大跳，但随后又觉得，他需要个女朋友来平复自己那无法遏制的欲望。一个真人，不在视频中，不在图片里，不在自己每天缥缈的梦境里，而是在现实生活中，可能是他的一个女同学，也可能是他的一个女邻居。想到这儿，周游的心跳得飞快，呼吸也急促起来。他要去找，他要马上去找。

周游把身边出现过的女孩子想了一圈，同班同学小娜成为了他的目标。小娜平时对他不错，有一次打饭好像还冲他笑了一下，一定是对他有意思。想到这里，他不由得心花怒放。这天放学，他在小娜必经的路口等候，看到小娜是一个人，他认为机不可失，便上前紧紧抱住小娜，嘴巴贴上小娜的脸。小娜吓坏了，用尽全身力气想推开他，周游好不容易才找到机会单独和小娜相处，怎能甘心放开她？不过正在二人推搡之际，有个人刚好路过，那人大喝一声："干什么呢，放开她！"周游一惊，吓得赶紧跑开。

这个小娜，真是不解风情。对，这个从视频里刚学会的词，用在这儿正合适。令周游没想到的是，小娜竟然告诉了家长，她家长还报告了老师。老师狠狠地训了周游一顿，让周游颜面扫地。他意识到，同学是不能找了，得想别的法子。他忽然想起他家小区门口有一个水果店，店老板有个10岁的女儿小丽。周游认识小丽的哥哥，也经常去水果店买水果。小丽人如其名，生得清秀美丽。他每次来，小丽总是很有礼貌地和他打招呼。周游沉浸在美好的幻想中，想着想着，不由地躺在床上睡着了，还做了一个梦。他梦见自己在放学回家的路上看到了小丽，他主动和小丽搭话。原来小丽刚从美术班下课，不知为何妈妈没来接她。周游心中暗喜，拉着小丽的手说：

“咱俩玩玩儿。”说着，便不管不顾拉着小丽进了他家。小丽有些害怕：“哥哥，我妈妈还在家等我呢，我得回家了。”周游双手放在小丽肩头，摸了摸小丽的头发：“急什么，哥这里有好看的电视，看一会儿再走。”他一边说，一边打开电脑。周游想，只要播放那些视频，这个小丽便不得不从。然而，电脑好像出故障了，怎么也打不开。他有点慌，小丽也不停地请求回家。他怒了，一气之下摔碎了键盘，小丽被吓哭了。周游气得大叫：“哭什么哭，就知道哭。”他狠狠地抓住小丽，一把扔在床上，小丽的头不停地扭动，哭喊不止。周游慌了，他怕别人听见这叫声，更怕小丽出去告诉别人。一错再错的周游一狠心，双手紧紧捂住了小丽的嘴：“叫你喊，叫你喊！”小丽快喘不过气了，她眼神透出的是恳求，是无助，是绝望。而此时的周游只有一个念头，就是不能让她出去告诉别人。他的双手紧紧掐住了小丽的脖子……

这时，周游一个激灵，惊醒了，出了一身的冷汗。原来这只是一场噩梦。“哎呀我的妈呀，虚惊一场，吓死我了。”周游摸着自己的心，喘着粗气，慢慢恢复了平静。这个梦是什么意思呢？周游没有深思。没过多大一会儿，他就忘在脑后了。

第二天，周游在外面闲逛，真的看到了一个人回家的小丽。他急忙走过去搭话。小丽刚下课，不知为什么妈妈没有来接她。周游暗喜说：“到我家玩会儿吧，我有好玩的东西给你看。”

“什么好玩的东西啊？”小丽身后突然传来另一个女孩的声音。

周游一看，一个身姿矫健、清新脱俗的少女站在小丽身后。女孩笑靥如花，眉目中又有一种与众不同的飒爽英姿，周游都看傻了。“啊，那个，就是好看的电影什么的。”他回答得吞吞吐吐，眼睛还止不住地在女孩身上转悠。“我想去看看。”女孩说。

周游心中大喜：天哪，她不就是我梦寐以求的女朋友吗？此时的周游早就把小丽抛到了九霄云外。他给女孩指路，一路引导她来到自己家。他哪里知道，他请进家门的不是他的女神，而是我们的女侠呢。

飞鸿冷静地看着周游的房间，里面乱七八糟，杂物堆得到处都是，各种碟片和漫画，吃剩的方便面盒堆在一块，各种零食的包装袋塞满了垃圾桶。周游慢慢地靠近了飞鸿，他又克制不住了，上去就想给飞鸿一个拥抱。但实在是太遗憾了，飞鸿哪会给他沾边的机会，她转身一记上勾拳把周游打得跌倒在地，“你以为女孩子都是好欺负的？偏偏我不是。”接着，女侠拳脚相加，对着周游就是一顿猛揍，“啊，啊，啊！”周游除了惨叫，毫无还手之力。

“你醒醒吧，周游。”飞鸿大声呵斥道。

“你今天想对小丽干什么？

“玩物丧志，空虚堕落，看看你过的日子，是一个中学生应该有的样子吗？

“你再这样下去，你的一生就全毁了！”

此刻的周游彻底清醒了。

飞鸿的话，如同泼下了一盆冷水，唤醒了他残存的理智。

他趴在床上，痛哭不已。

周游想到了那天晚上的噩梦，他猛地一惊，如果这个女孩不出现，那个梦就会变成真的，年仅10岁的小丽会被这双手杀害，他将成为杀人凶手。

“周游啊周游，是该醒醒了！”他默默地对自己说。

相关法条要记牢

《中华人民共和国刑法》

第十七条 已满十六周岁的人犯罪，应当负刑事责任。

已满十四周岁不满十六周岁的人，犯故意杀人、故意伤害致人重伤或者死亡、强奸、抢劫、贩卖毒品、放火、爆炸、投放危险物质罪的，应当负刑事责任。

已满十二周岁不满十四周岁的人，犯故意杀人、故意伤害罪，致人死亡或者以特别残忍手段致人重伤造成严重残疾，情节恶劣，经最高人民检察院核准追诉的，应当负刑事责任。

对依照前三款规定追究刑事责任的不满十八周岁的人，应当从轻或者减轻处罚。

因不满十六周岁不予刑事处罚的，责令其父母或者其他监护人加以管教；在必要的时候，依法进行专门矫治教育。

请你读一读

年仅13岁的周游，是如何一错再错、陷入深渊的呢？小朋友们要好好思考。这其中，有很多的原因。他的父母难辞其咎，他的老师也应深刻反思。每个人都有青春期，我们应当健康、愉快地经历这段时光。周游错在不该与不良少年交往，不该深陷冲动不能自拔。他也曾经犹豫，他知道自己做得不对，有时候会因此讨厌自己，在这些心理活动出现时，如果他能听听内心真实的声音，及时止步，寻求帮助，他不仅不会闯祸，反而会借由这次事件，学会什么是克制，什么是自律。如果在小娜报告老师，老师批评他后，他能够认真反思直面自己的问题，他也有机会改邪归正。但是，他走的每一步都只是滑向更深的深渊。请记住，不是每一次犯错都会有人在旁边提醒。只有你自己，才能阻止心中的恶魔。等到小丽真被勒住喉咙的时候，周游可就再回不了头了。

第十四回　砸车大盗

“比亚迪、大众、保时捷、宝马、奔驰……”飞鸿坐在马路旁边的长凳上，看着公路上拥挤的车流，念出自己能认出的汽车品牌。“广州的车可真多啊！”飞鸿不禁感叹。

今天他们收到的任务地址位于广州市海珠区的一条大街。白天街道熙来攘往，很是热闹。这条街会有什么事发生呢？孔明戴着帽子和眼镜，期待无人机能做出回应。小智似乎是还没有“睡醒”，用懒洋洋的声音报告：“两位少侠，你们来早了，这里的任务，要等到深夜呢。”

“深夜？”两个人面面相觑，“还要那么久，要不咱俩先去趟深圳？”孔明建议。

飞鸿立刻响应：“好啊，早就想去看看了，感受下‘深圳速度’到底有多快？”

两人一拍即合，从广州坐高铁仅半个小时，就到了深圳。

“真是难以想象，40 年前，这里就是个小渔村。”飞鸿和孔明漫步在大梅沙的海滩上，一边散步一边聊天，感受着深圳的朝气蓬勃，似乎这里真有一种令人振奋的魔力。

时值盛夏，海滩上不少学生三五成群，结伴游玩儿。

孔明看到一个三四岁的小女孩正在海边捡贝壳，海水已经没过了她的小腿。孔明四处张望，寻找着孩子的家人。就在这时，一个大浪打过来，小女孩一下子滑倒，趴在海岸上。“天哪！”飞鸿赶紧跑了过去，一把抱起了小女孩，幸好女孩只是喝了口海水，没被呛着，就是被吓得哇哇大哭。飞鸿赶紧说：“别怕，小妹妹，我来陪你挖沙子，但咱们不能在海里玩，若海水突然掀起大浪，会有危险的。”

女孩的妈妈这时跑了过来，孔明说：“阿姨，请您一定要看管好自己的孩子，这片沙滩是禁止下海的，您看那边有标志。刚才孩子在海里非常危险。如果遇到离岸流，可能孩子就被卷进去了。您千万要当心啊。”女孩的妈妈很羞愧地说：“太谢谢你们了。我们今天刚从北京来，以前没看过大海，觉得这里风景不错，没想到发个朋友圈的工夫，孩子就滑倒了，真是太危险了。”

小女孩跟着妈妈离开了。

“真是不知道这些家长怎么想的，是孩子的安全重要，还是发朋友圈重要？”飞鸿愤愤不平地对孔明说。

“是啊，现在很多大人都患上了手机成瘾症，一会儿不看手机就受不了。有人一边看手机一边走路，结果被车撞了，我还听说有因为大人看手机，孩子在游泳池淹死的。每次在路上看到快递小哥一边骑电动车，一边看手机，我都被吓得心惊肉跳的，实在是太危险了。”孔明忧心忡忡地说。

在深圳吃完晚饭，两人坐火车返回广州。和来时一样，车厢里的很多人都在看手机。孔明看着这一幕，突然有一种可怕的感觉，是不是人类最后会被这些机器控制，而失去自己的思想呢？他不喜欢这种不寒而栗的感觉。“我也是依靠人工智能设备在执行任务，现在是我在指挥小智，但万一有一天，小智进化到能指挥我呢？”孔明不敢继续想了。

凌晨的广州大街，一片静寂。飞鸿和孔明不由地屏住呼吸，突然，一只老鼠蹭地窜出来，把他俩吓了一大跳。

这条街不是主干道，微弱的路灯一闪一闪。他们俩看不清路面上的情况，幸好小智具备夜视功能。

这时，一个年轻女子步履匆匆地走过来，不时地回头看，飞鸿说：“这么晚，她一个人在这里走，实在不安全。”

孔明说：“看我的。小智出动，点亮照明灯。”无人机犹如探照灯，照亮了年轻女子前面的路。年轻女子很吃惊，无人机的光亮，一下子驱散了她心头的恐惧。

看到她走进单元门，孔明才收回了无人机。“哇，小智你可真厉害。”飞鸿忍不住赞叹道。

小智倒不谦虚：“没错，我就是很厉害！”

又过了大概 1 个小时，孔明的眼镜画面里出现了两个人。两人一前一后地走了过来，还时不时地左右张望，他们走近街边停放的一辆奔驰车。孔明的眼镜带有夜视功能，在夜晚也可以看得清清楚楚。孔明便一边看一边小声给飞鸿解说："我看到有两个人过来了，鬼鬼祟祟的，就叫他们A和B吧。他们接近了一辆奔驰车，A从怀里拿出一个螺丝刀一样的东西，B好像在给A放哨。不好，A开始敲打奔驰车的后车窗了，他要偷东西。"

孔明顾不上解说了，赶紧出动无人机，对准A的手冲了过去。A一惊，螺丝刀掉落到地上。

A惊恐万分地和B说："你看到什么了？什么东西飞过来把我的破窗器砸掉了？"

B左右看了看："别发神经了，哪有人，真是个胆小鬼！还是我来吧，你上前头去。"说着，B捡起了破窗器，开始敲打车窗。

孔明坏笑了一下，无人机再次出动，这次对准的是B的屁股。

"哎哟！"B捂着屁股大叫了起来。

"怎么啦，小点声！"A一边揉着手一边说。

B气得跳脚，他认定是A踢了他的屁股，上来对着A就是一脚。

A完全没有防备。"你疯了？！"A也没客气，对着B就是一拳。

孔明导演的好戏上演。两个砸车盗贼，你一拳，我一脚，扭打在一起。

"你有病吧，为什么踢我屁股，你想独吞？"

"我早就不想和你一起干了，你个笨猪！"

飞鸿拨通了110报警电话之后，一边看着A和B的互殴，一边捂着肚子笑得上气不接下气。

随着警车呼啸而至，A和B被抓获。

公安机关经调查发现，A初中辍学，父母在外打工，缺少管教，结交了一些不良少年，天天泡在网吧，前一段时间迷上了网上赌球，输了几万块，欠了很多债；B的家里其实不穷，只是父母忙着做生意没时间管他，他整日游手好闲，好逸恶劳，花光了父母给他的零花钱，还刷爆了信用卡。A和B以前并不认识，两个人也不住在同一个城市，就是在网上玩游戏的时候聊起来，聊着聊着觉得很有共同语言，便一起谋划赚大钱的法子，结果一拍即合，相约来广州，干起了砸车取物的勾当。而他们的犯罪工具就是网上购买的汽车专用破窗器。

白天，他们物色目标，四处寻找高级轿车，等到夜里，他们便在击破车窗后偷盗车内物品。一个月里，他们疯狂作案十多起，收获颇丰。不仅几万块现金进账，还搞到一整箱名酒。

不义之财怎么来的，就要怎么还回去，还要赔上几年的自由，值得吗？

相关法条要记牢

《中华人民共和国刑法》

第二百六十四条 盗窃公私财物，数额较大的，或者多次盗窃、入户盗窃、携带凶器盗窃、扒窃的，处三年以下有期徒刑、拘役或者管制，并处或者单处罚金；数额巨大或者有其他严重情节的，处三年以上十年以下有期徒刑，并处罚金；数额特别巨大或者有其他特别严重情节的，处十年以上有期徒刑或者无期徒刑，并处罚金或者没收财产。

第二百七十五条 故意毁坏公私财物，数额较大或者有其他严重情节的，处三年以下有期徒刑、拘役或者罚金；数额巨大或者有其他特别严重情节的，处三年以上七年以下有期徒刑。

《最高人民法院、最高人民检察院关于办理盗窃刑事案件适用法律若干问题的解释》

第十一条 盗窃公私财物并造成财物损毁的，按照下列规定处理：

（一）采用破坏性手段盗窃公私财物，造成其他财物损毁的，以盗窃罪从重处罚；同时构成盗窃罪和其他犯罪的，择一重罪从重处罚；

（二）实施盗窃犯罪后，为掩盖罪行或者报复等，故意毁坏其他财物构成犯罪的，以盗窃罪和构成的其他犯罪数罪并罚；

（三）盗窃行为未构成犯罪，但损毁财物构成其他犯罪的，以其他犯罪定罪处罚。

第十五回　一念天堂　一念地狱

小青今年15岁，是个甜美可爱的少女。但她很不快乐，父母在她很小的时候就离婚了。从此，小青再也没见过妈妈，而爸爸一直在外地打工，也不怎么管她。从小，小青就在几个亲戚家流转，过惯了寄人篱下的日子。初中没读完，她就辍学了。靠着甜美的外表和歌喉，她找到一份在酒吧唱歌的工作。

这是一份昼伏夜出的工作。一开始小青不习惯，但慢慢地，她爱上了这样的生活。这是另一个世界，是她从未见过的斑斓世界。在这里，她可以无拘无束，纵情歌舞，而更令她开心的是，赚到的钱很快就让她租到自己的小屋，从此再也不用看亲戚的脸色生活了。

小青还交到不少朋友，都是十七八岁的俊男靓女，其中一个高大英俊的男生让她第一次有了心动的感觉。他叫小杨，在一家汽车配件厂工作，他喜欢听她唱歌。小青感觉非常幸福，那是一种被爱包围的感觉。

小杨并不知道，他在小青心里泛起了这么大的涟漪。他只是觉得这个小姑娘歌唱得不错，酒吧里漂亮女孩很多，但像小青这么清纯的他倒是头一回见，觉得很新鲜，便和她有些暧昧。女朋友？不可能。小杨家里经营汽车配件厂，他很清楚父母的标准，他们绝不会允许他和这个在酒吧唱歌的女孩有什么未来。这些小杨内心的活动，小青又怎么能知道呢？

对于小青的含情脉脉，小杨总是若即若离。小青的初恋慢慢变成单恋。只要能为小杨做的，她都赴汤蹈火、在所不惜，因为在她心里，他是第一个关心她、爱她的人。

小杨认识了一些新朋友，最近经常带着这些人来酒吧。他们一般都在包间里面玩，小青唱完歌也会和他们喝两杯。这天，小青和往常一样到包间找小杨。包厢里面烟雾缭绕，小杨和朋友们正在吞云吐雾。令小青惊奇的是，他们吐出来的烟雾色彩斑斓、五光十色，缭绕在空气中，特别好看。

“来，过来坐。”小杨冲她招了招手。

“会抽烟吗？”小杨眼神迷离地看着小青说。

“没抽过。”

“来一根吧。”小杨递给小青一根烟。

小青顺从地抽了一口，呛得一阵咳嗽。小杨和几个朋友哈哈大笑。

小青不服气，继续吸了几口，她学着小杨的样子也吐出如彩虹般美丽的烟雾。这简直太酷了，她完全被这种烟迷住了，感觉身体放松下来，烦恼也烟消云散。她心里有些疑惑，便问小杨：“这香烟怎么这么神奇？”小杨说：“没事的，这东西不会上瘾，用了很舒服，还会变漂亮呢。”

有了第一次，便有了第二次、第三次。半年后，小青发现自己离不开小杨的烟了，不吸就烦躁不安，控制不住自己。小杨和她说，这种烟很贵，他也得花钱买，而小青的烟瘾越来越大，小杨一个人的钱根本不够用，他们得想办法赚钱才行。

两人商量，小杨负责找上家进点“香烟”，小青则利用在酒吧工作的便利条件，负责找下家卖掉“香烟”。这样，他们俩既能赚钱，又不耽误自己享受，岂不两全其美。

很快，小杨从上家手里拿到了货。一开始，小青有些不好意思，但卖不掉“香烟”就赚不到钱，小杨的脸色很难看。为了小杨，也为了她自己，她决定豁出去了。酒吧里认识的、不认识的，她都加为好友。因为她唱歌好，很多客人愿意和她聊天，聊着聊着，她会主动递给人家一支“香烟”。越来越多的人迷上了她的烟，她的生意也越做越大。

她还把圈子拓展到了酒吧外。这天晚上，她邀请了仍在读书的同学们来酒吧，主要是为了静静。因为在小青辍学以前，她和静静关系不错，而今天是静静的生日。

小青特意为静静安排了一个生日惊喜派对，同学们都开心极了。他们都夸小青变漂亮了，还不用担心作业和考试，真是令人羡慕。

要知道，这些人以前都很少和她说话。

小青给大家倒啤酒，随后点燃了一根“香烟”。

五彩斑斓的烟雾缓缓地转着圈儿，大家都看呆了。“这种香烟和其他的烟都不同哦，因为色彩很鲜艳，所以叫‘彩虹’。”小青一边吸着，一边给同学们介绍道。

同学们很好奇，都想试试。

小青笑了笑：“你们还是别吸了，让老师知道了可不太好。”

“怕什么，抽支烟而已。”一个男生满不在乎地说。

小青给了他一根，别人一看，都说也想试试看。

这一幕，我们的主人公孔明和飞鸿在酒吧外面看得清清楚楚。他们早就得到了消息。小智说，这是一种新型毒品，会损害人的神经中枢，长期使用甚至有精神分裂的风险。而今天晚上参加派对的同学们，极有可能成为新的受害者。

孔明和飞鸿晃过门口的保安溜进了酒吧，他们担心里面的同学一旦吸入这种彩虹烟，后果将不堪设想。

此时，那几个男孩正要点燃手中的烟。

“住手！”孔明一声大喊，把同学们吓了一跳，还以为是自己的老师来了。

定睛一看，原来是两个不认识的小学生。

孔明说：“你们知道自己吸的是什么吗？你们以为是普通的香

烟？你们都错了，这是一种新型毒品。这种毒品吸入后会上瘾，令人产生幻觉，甚至精神分裂。”

几个同学半信半疑，看了看孔明，又看了看小青。

小青吸了口烟，有些恍惚，听到孔明的话，突然大笑起来，笑得停不下来。“哈哈哈，你们不会懂的！这种烟吸进来，多么舒服，多么快活，多么令人心醉神迷……你们都是一群笨蛋、傻瓜，哈哈哈……”

小青毛骨悚然的笑声在静寂的包厢中回荡，显得格外恐怖。

大家都吓呆了。他们看着小青空洞的眼神和迷离的神情，就都明白孔明说的是真的了，于是纷纷离开酒吧。

警察来了，带走了依然狂笑不止的小青。

孔明和飞鸿注视着红蓝两色交替闪烁的警灯渐渐远去，为小青感到无比惋惜。

相关法条要记牢

《中华人民共和国刑法》

第三百四十七条 走私、贩卖、运输、制造毒品，无论数量多少，都应当追究刑事责任，予以刑事处罚。

走私、贩卖、运输、制造毒品，有下列情形之一的，处十五年有期徒刑、无期徒刑或者死刑，并处没收财产：

（一）走私、贩卖、运输、制造鸦片一千克以上、海洛因或者甲基苯丙胺五十克以上或者其他毒品数量大的；

（二）走私、贩卖、运输、制造毒品集团的首要分子；

（三）武装掩护走私、贩卖、运输、制造毒品的；

（四）以暴力抗拒检查、拘留、逮捕，情节严重的；

（五）参与有组织的国际贩毒活动的。

走私、贩卖、运输、制造鸦片二百克以上不满一千克、海洛因或者甲基苯丙胺十克以上不满五十克或者其他毒品数量较大的，处七年以上有期徒刑，并处罚金。

走私、贩卖、运输、制造鸦片不满二百克、海洛因或者甲基苯丙胺不满十克或者其他少量毒品的，处三年以下有期徒刑、拘役或者管制，并处罚金；情节严重的，处三年以上七年以下有期徒刑，并处罚金。

单位犯第二款、第三款、第四款罪的，对单位判处罚金，并对其直接负责的主管人员和其他直接责任人员，依照各该款的规定处罚。

利用、教唆未成年人走私、贩卖、运输、制造毒品，或者向未成年人出售毒品的，从重处罚。

对多次走私、贩卖、运输、制造毒品，未经处理的，毒品数量累计计算。

第三百四十八条 非法持有鸦片一千克以上、海洛因或者甲基苯丙胺五十克以上或者其他毒品数量大的，处七年以上有期徒刑或者无期徒刑，并处罚金；非法持有鸦片二百克以上不满一千克、海洛因或者甲基苯丙胺十克以上不满五十克或者其他毒品数量较大的，处三年以下有期徒刑、拘役或者管制，并处罚金；情节严重的，处三年以上七年以下有期徒刑，并处罚金。

请你读一读

吸毒的人会变成什么样？[1]

毒瘾发作最初表现为打呵欠、流泪、流鼻涕，类似重感冒，你可能觉得没什么大不了。

但随着毒瘾发作的加剧，身体上的痛苦也会逐渐加重，“见桌掀桌，见凳砸凳，看什么都不顺眼，坐卧不宁，烦躁易怒，像一头困兽，想要疯狂地撕咬一切”。即使是炎热的夏天，吸毒的人也感觉像待在冰窖一样，冻得浑身发抖。

随后，会感觉恶心，呕吐，腹泻，浑身酸痛。身体里似乎有蚂蚁成群结队在肆虐，它们每到一处，会又麻又痒又痛。

更难受的还在后面，毒瘾发作到后期，就会浑身各处肌肉和骨骼出现剧痛，如万箭穿心，生不如死。

还有更离奇的呢。有一种毒品叫甲卡西酮，俗称“丧尸药”。吸食者会因吸入这种强效毒品而陷入极度精神错乱状态且极具攻击性。毒瘾发作的人，会突变“丧尸”，见人就咬。

以上种种，还只是毒品危害的万分之一。

---

① 本部分内容参见“毒品的危害到底有多大？”，载 http://www.sohu.com/a/317329243_492451，最后访问日期：2020 年 2 月 9 日；韩丹：《吸毒人群成瘾问题的社会学研究——以江苏为例》，上海社会科学院出版社 2019 年版，Kindle 版本，第 57 页。

千万千万不要想着尝试毒品！

千万千万不要想着尝试毒品！

千万千万不要想着尝试毒品！

重要的事情说三遍！

第十六回　忍一时，风平浪静

孔明和飞鸿都是第一次来重庆。

重庆又名“山城”，城内有嘉陵江穿过，是一座山清水秀的历史名城。

孔明和飞鸿清晨出发。他们两个都清楚，每次任务都可能是一场生死考验。为了缓解心中的不安和紧张，孔明故作轻松地问飞鸿：“你知道关于重庆有什么诗句吗？”飞鸿心头大喜：又来考我，哈哈，这次我可是精心做了准备。飞鸿故作深沉地说：“当然了，写重庆的名句非常多。李白的‘朝辞白帝彩云间，千里江陵一日还’；李商隐的‘何当共剪西窗烛，却话巴山夜雨时’；元稹的‘曾经沧海难为水，除却巫山不是云’。”孔明拱手抱拳：“佩服佩服，女侠知道得真多，不知能否背全呢？”飞鸿笑道，“就知道你在这儿等我呢，这有何难，等完成了今天的任务，我一首一首背给你。”

两人说笑着，来到了一个公交车始发站。在宽敞的院子里，整齐有序地排列着十几辆公交车。

这里难道要出什么事情吗？

孔明赶紧带上帽子和眼镜，启动了无人机。

清晨的重庆，雾气笼罩，带上帽子的孔明感觉头皮微微冒汗。无人机盘旋一圈后，在孔明的眼镜中出现了一辆22路公交车的画面，车门旁站着一个身穿蓝色上衣的中年男人，应该是这辆车的司机。

孔明四处张望，看见这辆22路公交车正驶入站台，他拉着飞鸿，迅速冲上了车。

22路公交车的司机严师傅今天很高兴，前天买的彩票中了500多块。严师傅买彩票很多年，从没中过大奖，这次中了500多块，够请全家去吃一顿火锅了。严师傅一边哼着小曲，一边将公交车驶出站台。

孔明和飞鸿找到后面的两个位子坐了下来。因为是首发站，加上时间比较早，车上只有他们两位乘客。

第二站上来3位乘客，一个年轻的妈妈带着两个孩子，小男孩3岁左右，正是调皮的年纪；女孩大一些，5岁上下，穿着红色百褶裙，大大的眼睛四处张望，看到飞鸿还微微笑了笑。两个孩子很乖，弟弟坐在妈妈怀里，姐姐坐在妈妈旁边的座位上。小男孩一直讲个不停，大概是坐公交车令他很兴奋吧。孔明听不大懂他说的重庆话，只见妈妈笑着看着儿子，食指放到嘴边“嘘”了一声，小男孩便心领神会，一看便是家教良好的小孩。虽然车上乘客很少，但他们的妈妈依然很注意，不让孩子打扰到其他乘客。飞鸿顿时对这家人产生了好感。

第三站，上来4位乘客，其中的两位老年乘客坐在了前面的位子。还有一个20多岁的男青年，一身背心短裤，似乎刚刚跑完步，气喘吁吁的。他没有坐，可能是觉得自己太年轻吧，即使坐了，担心一会儿也要让座，飞鸿暗自猜测。

另外一位新上来的乘客是一名女士，看上去50岁左右，一上车，孔明便感觉到她来者不善。其实她也不是长得可怕，只是眼神中流露出一种傲慢，让和她目光相对的孔明感到很不舒服。这位女士目光锐利，在车厢前面扫视了一圈，其实她身边就有一个座位，不知为何她没有坐。飞鸿小声和孔明说："她一定是不想有人坐在她身边，因为那是个双人座位。"这位女士终于看到一个单人座位，昂首阔步走了过去，坐上去之前，她还拿出一张湿巾，仔仔细细地擦了擦这个还没有人坐过的位子。忙活半天，终于坐了下去。但那张湿巾，被她狠狠踩在了脚下。

飞鸿看着这位女士，心里想：无论这个人看上去多么干净整洁，随意丢弃垃圾都是很没有公德心的行为。车颠了一下，将飞鸿的思绪拉了回来。在座位里正襟危坐的中年女士也被突然的颠簸吓了一跳，眼睛瞪着司机的后背，嘴里骂骂咧咧，好像司机是故意的似的。

陆陆续续又上来一些乘客，车上的座位都坐满了。

公交车行驶在重庆特有的坡道上，有时还真有点坐过山车的感觉。孔明和飞鸿没有说话，两个人都在猜测，即将发生的会是什么？如果是车辆失控，那他们也会有危险的呀；如果是交通事故，该怎样避免呢？

就在这时，孔明的眼镜中出现了一段视频。这是小智升级完成后的新功能，在危险逼近时，人工智能系统能够根据现有信息组合编辑，以视频的方式提前几分钟发布预警。“这简直就像时空穿梭机，能让我们看到未来，虽然只是提前几分钟的预警，也超厉害了。”飞鸿听说这个新功能时赞叹不已。

今天，在22路公交车上，小智的新功能第一次有了用武之地。

短短的3分钟视频，孔明看得心惊胆战。真希望视频中的一切不是真的。

因为，如果视频里的一切马上就要发生的话，那么，那位随便丢湿巾的中年女士马上就要错过站了。

她应该在中心广场站下车，但她不知道的是，中心广场站因为修路封闭了。她没有听到司机师傅的通知。当错过站之后，她冲上前去，命令司机停车，严师傅没有理睬她。她气不过，大骂司机，骂得很难听。其他的乘客目瞪口呆，然而，没有一个人上去制止她。她骂着骂着，觉得还是没有出掉这口恶气，紧接着竟然动起了手，用手机猛击严师傅的头部。严师傅忍无可忍，只好还击，他左手握住方向盘，右手挥拳回击女乘客。严师傅在不可遏制的愤怒下做出了错误的决策，他当时被怒气冲昏了头，完全没想到车上还有十几位乘客。

在互殴中，严师傅突然看到对面驶来一辆红色小汽车，他误认为将要相撞，于是急忙转动方向盘躲避，也许是转得太急了，车子失控冲破江桥的防护栏，坠入湍急的江水之中。

从视频中，孔明仿佛已经感觉到，冰冷的江水将他吞没，还有被吞没的瞬间那种深深的绝望。

而此时，这一切尚未发生。司机严师傅正哼着小调想着晚上要请家里人去哪个饭店吃饭，前排的小男孩时不时发出咯咯的笑声，二十多岁的男青年闭着眼沉醉在耳机播放的音乐旋律中，那位暴戾的中年女乘客低着头正在刷手机。

一车的乘客都不知道，一场大祸近在眼前。

孔明整理好思绪，思考应对之策。

“中心广场站下车的乘客请注意，由于道路维修改道，本车不再经停中心广场站，请到中心广场的乘客在南方家园站下车。”严师傅浑厚的嗓音在车厢内回荡。孔明心跳加速，心想果然如此，该来的总归要来。

此时，飞鸿也看完了视频，惊出了一身冷汗。她将眼镜还给孔明，轻声说：“这次我上吧，我毕竟练过功夫。”孔明轻轻摆了摆手。“太危险，咱们不能打无把握之仗，车上这么多人，咱们必须保证大家的安全。”

车辆到达南方家园站，严师傅再次提醒：“中心广场站不停了，去中心广场的请在这站下车。”而那位女乘客，仍然十分专注地盯着手机，没有下车。

当车辆驶过中心广场站，女乘客惊觉自己已经坐过了站。她用重庆话大喝一声：“停车，赶紧停车！”

女乘客见司机没有停车，便怒不可遏地冲了过去，冲着严师傅破口大骂。与此同时，孔明集中全部注意力：“小智，启动攻击，中辣模式。”

如果现在是在放电影，此时应该播放慢镜头。因为无人机实在是太快了。只见女乘客正拿出口袋里的手机，向严师傅的头砸

了过去，千钧一发之际，无人机以迅雷不及掩耳之势，对准女乘客的脸喷射辣椒喷雾，她完全没有防备，甚至没有看清，只感觉到脸上一阵剧痛，便一下子倒在车厢的地上疼得翻来覆去。严师傅此时也惊呆了，飞鸿赶紧冲上前去，提醒严师傅："司机叔叔，请您先靠边停车，然后再处理这件事吧，我们都能给您作证，证明是这个女乘客的责任。"严师傅立刻驶入应急车道，将22路公交车安全停了下来。不一会儿工夫，警车、救护车纷纷赶到。

警察向乘客们逐一了解车上的情况，大家一致表示，这位女乘客因为没有听到司机提醒下车的通知，坐过了站，大骂殴打司机在先，司机没有还手，非常忍让。至于她眼睛为什么出了问题，可能是突发疾病所致，因为大家都不清楚她为什么突然就倒地不起了。

那个第二站上车的小男孩突然大声说："有一个小飞机，冲着那个阿姨喷水。"她妈妈赶紧捂住他的嘴："小孩子别乱说，警察叔叔正在问大人的话，你不可以插嘴。"小男孩很生气："妈妈，我真的看到了，像个小鸟一样的飞机。就那样飞啊飞啊，突然喷出了水，像水枪。妈妈，像水枪。我没骗你，妈妈。"妈妈不再理睬他的话，把他拽到一边去了。

孔明和飞鸿差点没忍住，好想大笑出声啊。

22路公交车恢复了平静。孔明和飞鸿在下一站下了车，和他们一起下车的还有年轻妈妈和那两个可爱的孩子。

妈妈拉着姐姐，抱着弟弟，快步过了马路。那个小男孩一直盯着孔明看，他突然指着孔明大喊：“小哥哥，是你的小飞机吧？”孔明把食指放到嘴边，做了个“嘘”的手势。小男孩会心一笑，竖起了大拇指。

“真是美好的一天，也是惊心动魄的一天。”孔明在日记里写道。

美丽的重庆，奔腾的长江，我们乘坐的公共汽车安然无恙。

情绪失控，真的很可怕。因为错过了车站，就要谩骂、殴打司机，这样的人，心里得有多少怨恨呢？她一定生活得很不开心。但因为自己而不顾大家的安全，她实在是个自私到极点的家伙。

我想到一个词，克制。

女乘客完全可以在下一站下车，往回走一段路，看看风景，不也很好吗？

她只需要换一种思路，便可以让自己不那么焦虑，也不用生那么大的气，还可以避免一场大祸。可惜她不懂这个道理。

忍一时风平浪静，退一步海阔天空。为什么她就是想不透呢？

相关法条要记牢

《中华人民共和国刑法》

第一百三十三条之二 对行驶中的公共交通工具的驾驶人员使用暴力或者抢控驾驶操纵装置，干扰公共交通工具正常行驶，危及公共安全的，处一年以下有期徒刑、拘役或者管制，并处或者单处罚金。

前款规定的驾驶人员在行驶的公共交通工具上擅离职守，与他人互殴或者殴打他人，危及公共安全的，依照前款的规定处罚。

有前两款行为，同时构成其他犯罪的，依照处罚较重的规定定罪处罚。

第十七回　祸从天降

盛夏的贵阳，凉爽宜人，处处鸟语花香，真是一个避暑的好地方。孔明不禁畅想：完成这次任务后，一定要去黄果树瀑布看看，那可是“天下一绝”的著名景点。

他们乘车，辗转到达一个住宅区。

这片住宅区有些破旧，几栋高楼的外墙已经开始破损，小区物业管理很不规范，垃圾箱清理不及时，很多垃圾都散落在外；路面坑洼不平，年久失修；单元门都大开着，门禁系统形同虚设。

由于小区卫生环境很糟糕，所以人们似乎已经习惯于随地乱丢垃圾，孔明和飞鸿看见几个年轻人正坐在长椅上嗑瓜子，瓜子皮就随便丢在地上；买菜回来的老人很随意地往地上吐了一口痰；一个遛狗的男子，没拉狗绳，狗拉的便便，一团团地躺在小区狭窄的路面上，如果有人不注意踩上，真是走了“狗屎运”。

孔明想到了一个心理学知识：“这就是破窗效应啊。”

“什么？”飞鸿没听清。

“这是犯罪心理学上的一个理论。意思是一旦房子的一扇窗被打破而且没人来修的话，便会有人模仿，导致更多的窗子被打破。”孔明解释道。

“哦，”飞鸿恍然大悟，“我明白了，因为这个小区管理不善，有人随地乱扔垃圾，于是就有更多的人也随地乱扔垃圾。这不就形成恶性循环了吗？”

“千里之堤，溃于蚁穴。关键是最开始的那扇窗如果能得到保护，或者打破了之后马上有人修补，就不会有后来一连串的恶果。”孔明若有所思地说。

此时，前面遛狗的那个男子接起了电话，而他的狗，因为没拴狗绳，跑掉了。正在打电话的男子似乎聊得很开心，一点儿也不担心他的狗。

但他的狗可不是一般的小型宠物犬，而是类似德国牧羊犬的大狼狗，这么大的狗，主人竟没有拴狗链，实在是很吓人。飞鸿一边想，一边跟了上去。果然，那只大狼狗冲着来往的路人狂吠，吓得人们纷纷绕路走。一个妈妈带着两三岁的女儿从外面回来，大狼狗冲着母女俩狂吠，把小宝宝吓得哇哇大哭。飞鸿很气愤，想去找狗主人理论。但回头一看，狗主人不知哪里去了。“真是没素质！”飞鸿气不过，但又无计可施，总不能对着狼狗踢两脚吧，那样的话，万一惹怒了它咬了自己，还得去打狂犬疫苗。

这时，无人机在一栋大楼外发出了嘀嘀的警报声。

孔明跟着无人机来到了这栋楼，“小智，出什么事了？”孔明戴上眼镜，看到了即将发生的一幕。

只见一个年轻的妈妈正抱着婴儿出来晒太阳，小婴儿才几个月大，胖嘟嘟的小脸，一双大眼睛好奇地到处看。就在这时，楼上不知道是谁扔下来半块砖头正好砸中了小婴儿。妈妈看着被砸得血肉模糊的孩子，崩溃大哭。

“我的天哪！”孔明的呼吸几乎停住了，他的脑子飞速运转，小智最多提前几分钟发出预警，现在时间不等人，他必须先救孩子，再去找那个罪魁祸首。

此时，年轻妈妈已经抱着孩子要从单元门口出来了，孔明赶紧冲上去拦住了她。

孔明故意逗孩子，扯东扯西地聊了半天，孩子妈妈说：“咱们到外面聊吧，小朋友。”

孔明则故意转移话题：“您的宝宝真可爱，长得像布娃娃一样。”

孩子妈妈觉得很高兴：“像你这么大的孩子，一般都不喜欢小宝宝的，你还真是不一样呢。”

正在此时，那只没拴链子的狼狗不知道是不是看到自己的主人，飞奔过来。

只听“啪”的一声，一块砖头突然从天而降，砸中了这只狗的头。狼狗呜咽了一声，趴倒在地，抽了几下，不动了。

一直跟在狗后面的飞鸿吓呆了。

在单元门里和孔明闲聊的年轻妈妈也吓呆了。

小宝宝似乎感觉到妈妈的不安，“哇”的一声哭了起来。

渐渐地，一些人围拢上来。突然，一个人哭喊着冲了上去：“贝贝，贝贝，是谁干的，谁这么缺德？”狗的主人终于出现，原来死去的狗名叫贝贝。

孔明拉着飞鸿，悄悄躲到一边。他和飞鸿讲了刚才的经过。“我的天哪，这哪是破了一扇窗啊，这是要出人命了，太吓人了！”飞鸿心惊胆战地说。

年轻妈妈惊魂未定，看着孔明，冲他笑了笑，笑容里饱含着感激。因为她知道，要不是这个小男孩一直拉着她说话，今天被砸的，可能就是她的孩子。

孔明可没时间庆贺，他要把凶手找出来。

无人机升空，通过一层一层的排查，很快就发现了扔砖头的凶手。13 楼的窗子开着，窗子里面坐着一个瑟瑟发抖的男孩。他应该已经看到了那只被他砸死的狗。

孔明决定和他聊聊。

孔明和飞鸿敲开了门，男孩还在发抖：“你，你们干吗？”

“是你扔的，对不对？”飞鸿质问。

“谁看见是我扔的了？”男孩还在嘴硬。

“我们看见了。”孔明答道，“而且你的手上还有砖头的红印，你抵赖不了。”

男孩有些垂头丧气。

“敢做就要敢当，你这个行为，已经触犯了法律。如果今天正巧有人在下面，你就杀人了。假如路过的是你妈妈呢？你想过吗？”孔明正颜厉色地说。

男孩默不作声，看来已经听进去了。

孔明接着用手机拍了张他的照片。“你，你，你干吗？”男孩惊恐地问。

“留下证据啊，如果以后你们这个小区还有人从楼上往下扔东西，我就把你的照片公布出去，我要告诉那只狗的主人，是你扔的砖。”孔明一本正经的样子，还真是有点吓人，飞鸿心想。

那个男孩真被吓住了：“我知道了，我再也不敢了。你们千万不要告诉别人。”

离开的时候，飞鸿纠结了半天，还是开口问道：“咱们是不是该告诉狗的主人呢？”孔明回头看了看这个小区说道：“这个狗的主人不拴狗链，让狗四处乱跑，他就没想到自己的狗也可能会伤人吗？希望他能反思一下自己的过失。”

一旦窗子有了裂缝，最后受害的，可能是所有人。

相关法条要记牢

《中华人民共和国刑法》

第二百九十一条之二 从建筑物或者其他高空抛掷物品，情节严重的，处一年以下有期徒刑、拘役或者管制，并处或者单处罚金。

有前款行为，同时构成其他犯罪的，依照处罚较重的规定定罪处罚。

《中华人民共和国民法典》

第一千二百五十四条 禁止从建筑物中抛掷物品。从建筑物中抛掷物品或者从建筑物上坠落的物品造成他人损害的，由侵权人依法承担侵权责任；经调查难以确定具体侵权人的，除能够证明自己不是侵权人的外，由可能加害的建筑物使用人给予补偿。可能加害的建筑物使用人补偿后，有权向侵权人追偿。

物业服务企业等建筑物管理人应当采取必要的安全保障措施防止前款规定情形的发生；未采取必要的安全保障措施的，应当依法承担未履行安全保障义务的侵权责任。

发生本条第一款规定的情形的，公安等机关应当依法及时调查，查清责任人。

《最高人民法院关于依法妥善审理高空抛物、坠物案件的意见》

5.…… 故意从高空抛弃物品，尚未造成严重后果，但足以危害公共安全的，依照刑法第一百一十四条规定的以危险方法危害公共安全罪定罪处罚；致人重伤、死亡或者使公私财产遭受重大损失的，依照刑法第一百一十五条第一款的规定处罚。为伤害、杀害特定人员实施上述行为的，依照故意伤害罪、故意杀人罪定罪处罚。

请你读一读

一个鸡蛋从 4 楼抛下会砸得人鼓起肿包；从 8 楼抛下可以让人头皮破损；从 18 楼抛下可以砸破行人的头骨；从 25 楼抛下就可使人当场死亡……这不是伽利略在做重力实验，而是近年频发的高空抛物案件中血的教训。[①]

2020 年 3 月 5 日，浙江绍兴某小区，1 位妈妈带着 14 个月大的婴儿在小区散步时，婴儿被从天而降的红色砖头砸中脑袋，送去医院后，医生宣布孩子已经脑死亡。

2019 年 4 月 19 日，江苏徐州某小区，3 名六年级的小学生在 14 楼楼顶玩耍时，将两块直径约 10 公分的石头扔了下来，砸伤了一名 1 岁大的婴儿。

2018 年 3 月 9 日，广东东莞某小区，1 名独自在家的 11 岁女孩，从

---

① 《新言:“三个强调”治理高空抛物，甚好!》，载《邯郸日报》2019 年 12 月 27 日。

阳台扔出咬了一口的苹果，砸中了正被外婆抱着在外遛弯的女婴，女婴当场陷入昏迷，生命垂危。

……

最高人民法院专门出台了《关于依法妥善审理高空抛物、坠物案件的意见》，其中特别提到，对于故意高空抛物的，根据具体情形以危险方法危害公共安全罪、故意伤害罪或故意杀人罪论处。2019年11月29日，上海宣判了首例因高空抛物入刑的案件。

希望因高空坠物造成伤害的悲剧不再发生。

第十八回　光天化日下的绑架

29岁的韩东是陕西人，在县城开了间杂货店。经济不景气，韩东的生意一天不如一天，他已经拖欠了2个月的房租，再不想办法，他的店就要关门了。

韩东这个人，平时话很少，父母和他说话，他也都是有一句没一句地回应。他总是叼着根烟，坐在杂货店门口的槐树下，看着来来往往的人群，若有所思。韩东向往的生活，绝不是眼前这一点蝇头小利，他每天琢磨的只有一件事，就是怎样赚大钱。他梦里经常出现的一个画面是，他穿着名贵西服，开着豪华跑车，走进五星级酒店。梦醒时，他久久不愿起来，希望沉浸在梦里再久一些，仿佛这样就能将残酷的现实关在门外。他心里想：梦想还是要有的，万一实现了呢。

杂货店的生意越来越难做，他的朋友都劝他换个行当。他的一个初中同学，在大城市做起了快递员，一个月能赚1万多元。同学说如果他肯去，一定能被录用。但韩东对同学的好意不以为然："一个月才1万多元，瞧把他嘚瑟的！太瞧不起我韩东了，我是要干大事、赚大钱的人，怎么能去给别人送快递？每天开个电动车走街串巷，想想就累得要死。”于是，他谢绝了同学的好意，他认为：“不鸣则已，一鸣惊人，我要干，就干大的。”

经过周密的盘算，他已经有了一个行动计划，但要实现这个行动，光他一个人不够，还得再选一个搭档。他思量再三，选中了他的堂弟韩西，韩西从小和他一起长大，在外地开了几年饭店，没赚到什么钱。这个堂弟脑子不大灵光，但最大的好处就是听话，对他这个堂哥言听计从，而且韩西身强力壮，干点体力活不成问题。

他找到韩西，把自己的计划和韩西一说，韩西二话没说，一拍大腿说：“哥，我早就知道你能干大事，我跟定你了。”两人一拍即合。

韩东瞄准的是杨富强一家。

杨富强是一个私企老板。他是苦孩子出身，从建筑工人干起，凭借脑子聪明、肯吃苦，经过多年苦干，成立了自己的建筑公司，当上了老板。

在杂货店门口的老槐树下，韩东经常看到杨富强开着县里唯一一辆加长林肯轿车疾驰而过，每当这个时候，韩东都会盯着那辆车，然后狠狠地掐断手里的烟。杨富强的妻子徐荣经常带着在幼儿园读大班的儿子浩浩到韩东的杂货店买零食和玩具。母子俩都是一身名牌，徐荣浓妆艳抹的脸上总是带着傲慢的神情，让韩东感觉很不舒服。韩东想，还有什么感觉，比被人瞧不起更难受呢？

那天晚上，韩东又做了那个梦，但当他从豪车上下来，正要走进五星级酒店的时候，突然发现似乎哪里不对劲。哦？那不是杨富强的林肯车吗？被人簇拥着走进五星级酒店的，不是他韩东，而是杨富强。韩东惊醒了，梦里的杨富强是那般真实，那睥睨一切的神情，挥金如土的派头，令韩东感到自己是这般卑微而渺小。嫉妒如同毒蛇，啃咬着韩东的心。杨富强过上了他向往的生活，而他呢，连美梦都做不成。韩东心想：去他的，我要让杨富强尝尝痛苦的滋味，让他倾家荡产、穷困潦倒。

为了保证计划的顺利实施，更准确地说，是为了让自己摆脱嫌疑，韩东关了杂货店，对外宣称自己要去西安做快递员。关门的前几天，他还进行了亏本大甩卖，弄得人尽皆知。而实际上，他哪都没去，他就躲在韩西临时租住的小屋。韩西负责每天开车跟踪徐荣，为了避免被发现，韩东还买了两个假车牌，定期更换。他俩把徐荣的行踪摸得一清二楚，韩东为此还专门做了跟踪日志，他上学的时候都没这么认真过。

韩东的计划是在徐荣接孩子的必经之路上动手。下午四点左右，那个路口车辆很少。当徐荣开车从大路即将进入小路的转弯处时，韩西开车用力撞上去，制造一起追尾事故。此时，徐荣一定会下车找韩西理论，趁徐荣不备，等在路口的韩东从背后把她打晕掳上车；而韩西则负责掳走浩浩。为此，他和韩西夜里专门去那个路口查看了多次，还进行了实战演练。一切都安排得妥妥当当。

时机终于来了。那天和往常一样，幼儿园下午放学，徐荣开车去接儿子，韩西驾车，一路尾随在徐荣的车后面。韩东则戴着面罩等候在那个路口，等着鱼儿上钩。

然而他千算万算，没算到车上竟多了两个人。

原来，我们的主人公孔明和飞鸿早在几天之前就收到了绑架案的消息。孔明得到消息后，心生一计，他联系了祖国知识大赛的马老师，和马老师说了自己的想法。

马老师哈哈大笑说："小诸葛，你的鬼主意可真多。"于是，在马老师的安排下，我们的祖国知识大赛冠军——孔明同学，被邀请到浩浩的幼儿园和小朋友们搞了一次生动有趣的"我和冠军面对面"活动。幼儿园的小朋友们都激动不已，孔明给小朋友们讲了好几个故事，飞鸿还表演了一套拳法，小朋友们都开心极了，浩浩自然也不例外。

孔明无意中透露自己还没有找到住的地方，大家听了之后，纷纷邀请孔明到自己家里做客。作为大班班长的浩浩，最是积极。孔明冲飞鸿挤了挤眼睛，然后对小朋友们说："谢谢大家啦，那我们就不客气啦，去班长家打扰一下吧。"浩浩开心极了。

当徐荣接儿子放学的时候，飞鸿和孔明跟着浩浩一同坐上了车。而韩西完全没有发现这件事，因为他的目光，被风挡玻璃前飞来飞去的一个小东西吸引了，心里琢磨着：这是啥鸟？咋飞得这么快呢？等他回过神来，徐荣已经发动了车辆，他赶紧跟了上去。

在路口，韩西没有令韩东失望，只听到“哐啷”一声，韩西的车猛地撞上了徐荣驾驶的车辆后保险杠。

“会不会开车啊？你怎么开车的。”徐荣气呼呼地下了车，看到爱车被撞出了一个大坑，徐荣正要发火，说时迟那时快，韩东从徐荣背后猛地冲上来，上来就要勒住徐荣的脖子。

螳螂捕蝉黄雀在后，孔明指挥无人机撞上韩东的手，“哎哟”一声，韩东的手缩了回来，与此同时，无人机对准他的脸喷出了辣椒喷雾。“啊！疼死我了！”韩东捂住眼睛疼得大叫。

“哥，你怎么了？”韩西下了车，看到韩东的样子大惑不解，“哥，怎么多了俩小孩？”他大声问道。

韩东气急败坏，心想：你问我，我还要问你呢！他忍着剧痛，大喊一声：“撤，赶紧撤，快扶我上车。”

想跑，哪这么容易，飞鸿已经把韩西车的轮胎挨个放了气。

“哥，车胎都瘪了，怎么办。”

“那你背我跑，快点儿，笨蛋，难道还在这儿等着警察来抓不成。”说完，韩东疼痛难忍，昏倒在地。

韩西看到堂哥这个样子，心想：哥，对不起了，你总嫌我笨，今天兄弟还真就不能犯傻。背着你跑，那还能跑掉吗？这小孩有暗器，我得先走一步。韩西掉头就要溜，飞鸿怎么可能让他跑掉，三步并作两步追了上去。飞鸿指着韩西身后说：“看，你哥起来了！”韩西回头一看，冷不防被飞鸿一拳击中脑门，被打得眼冒金星，倒在了地上。飞鸿还挺郁闷，心想：这智商，还敢绑架。看样子块头不小，怎么这么不禁揍，一拳就昏了！孔明从韩西车的后备箱拿出了韩家兄弟准备好的绳子，把韩东和韩西捆得结结实实。

此时，战战兢兢的徐荣走上前来一看，后备箱里有

脚镣、望远镜、铁锹、钢锯、锤子、塑料胶带，还有一张韩东画的逃跑路线图。

徐荣吓得面色惨白，心想：今天要不是这两个小学生，我和儿子必然是凶多吉少啊。

此时，飞鸿拿出两瓶矿泉水对着韩东的眼睛冲了冲，韩东才慢慢恢复了知觉。“两位小英雄，饶我一命吧，我上有老下有小，实在是生活所迫，不得已才铤而走险。你们放我一马，求求你们了！”韩东还抱有最后一丝幻想，哭着央求。

“饶你？今天我们要是没来，你能饶过他们母子？准备工作做得天衣无缝啊，你怎么没想过饶过他们？韩东，你的如意算盘打错了，要是你真的上有老下有小，你就应该想到，干这种缺德的事，家里人都是要跟着倒大霉的，谁家的孩子都不想有个绑架杀人犯当爸爸。对了，今天我教你两个成语，一个叫请君入瓮，一个叫作茧自缚。来，再试试你自己准备的脚镣好使不好使。”孔明的话掷地有声，韩东流下了悔恨的泪水。

不大一会儿，警车呼啸而至，看着戴着脚镣的韩氏兄弟，警察叔叔都忍不住乐了。

晚上睡觉前，孔明拿出了日记本，写道：

今天抓了两个绑架犯，有惊无险，都在我的计划之中。这两个人，谋财也就罢了，还准备害命，真是心狠手辣、十恶不赦。

孩子的爸爸是个大老板，一定要给我们钱，说是救命之恩要重金酬谢。飞鸿和我都谢绝了。

但孩子的爸爸看上去很不安，于是，我只好答应，去他家吃一顿饭。我想，适当接受别人的好意，不让对方觉得有所亏欠也是一种礼貌。

其实，浩浩可爱的笑容就是我收获的最好的回报，还有什么能与这种感觉相比呢？毕竟，这个可爱的孩子因为我们而安然无恙。

没错，这就是我们执行任务的意义。

虽然未来还很遥远，但我基本上已经确定，人生真正的价值，在于奉献，只有奉献的人生，才是快乐的、有意义的人生。

相关法条要记牢

《中华人民共和国刑法》

第二百三十九条 以勒索财物为目的绑架他人的，或者绑架他人作为人质的，处十年以上有期徒刑或者无期徒刑，并处罚金或者没收财产；情节较轻的，处五年以上十年以下有期徒刑，并处罚金。

犯前款罪，杀害被绑架人的，或者故意伤害被绑架人，致人重伤、死亡的，处无期徒刑或者死刑，并处没收财产。

以勒索财物为目的偷盗婴幼儿的，依照前两款的规定处罚。

请你读一读

如何预防被绑架？[1]

1. 避免炫富。

2. 外出时要告诉家长，并向家长说明回家时间，不要在外逗留。

3. 如果有人以“你家出事了”或“你父母生病、出车祸”等为由，要你离开学校或家中时，应首先与家人联系求证，并将此事报告老师。

4. 如果在途中发现有人跟踪，应设法将其甩掉并报警。

5. 不要轻易给陌生人带路，不要为了省钱乘坐“黑车”或搭乘陌生人的车辆，更不要轻易食用陌生人给的饮料、糖果或者其他食品。

6. 一个人在家时不给陌生人开门。

7. 不要随便邀请陌生人到家里参观。

8. 在手机上设置紧急求救功能，与家人约定紧急情况时联系的暗号或密码，以备意外情况下使用。

① 参见“59小时破案，3岁男童获救！警方公开河池‘11·2’绑架儿童案破获过程”，载 http://news.hcwang.cn/news/2018115/news3579153970.html；https://zhidao.baidu.com/question/326837916432329485.html，最后访问日期：2020年1月19日。

第十九回　你曾用生命守护我

成功救出浩浩之后，孔明和飞鸿来到了古都西安，游览了世界第八大奇迹——秦始皇陵兵马俑。望着2000多岁的兵马俑，孔明和飞鸿深深惊叹于中华古代文明的壮丽和神奇，两个人默默地欣赏，谁都没有说话。

突然，小智发出了“嘀嘀”的响声。孔明从包里把小智拿出来，小智说：“王大力有一些烦恼，需要你们帮忙！”

从博物馆出来，孔明马上拨打了王大力的电话。

王大力接到孔明的电话很激动：“孔明，你怎么来电话了？”

“大力，你在哪里呢？”

“我在我爷爷家，山东烟台。”大力答道。

“我们想去你那玩儿几天！”孔明笑嘻嘻地说。

“太好了，我正好有件事想找你帮忙呢！”大力开心极了。

孔明和飞鸿到达烟台时正值夕阳西下，海滩被一层浅红色的光笼罩，美如仙境。

三个人漫步在海边，王大力开始讲述一个震撼心灵的故事。

“和我一样，张丹哥哥从小就梦想成为一名解放军战士。后来，他真的实现了自己的理想，成了一名光荣的武警战士。他说，穿上军装的那一天是他最快乐的一天。从部队转业后，张丹哥哥成了一名消防员，他明白自己的工作十分危险，但他热爱他的工作。他说，永不放弃、勇往直前才是军人本色。

“我是在一次社区消防讲座上认识他的，后来，我鼓足勇气给他写了一封信，告诉他我想成为和他一样的人。没想到，他真的给我回信了，他鼓励我，让我努力学习，将来一定能实现自己的梦想。

“你们也知道，我学习成绩不好，老师总是嫌我调皮捣蛋。张丹哥哥却说，男孩子淘气点是正常的，只要我努力，一定能实现自己的军人梦。别人都崇拜这个明星那个明星，我不，我只有一个偶像，无论过去、现在还是未来，张丹哥哥是我唯一的偶像。

“可是，后来我再也没收到他的信……”说着，王大力的眼圈红了。

“最后的一封信是他的战友写来的。”王大力顿了顿，努力让自己保持平静。

“北京的一个工厂突发火灾，张丹哥哥和战友们第一时间到达火场，他冲进浓烟滚滚的厂房，奋力扑救，但火势太大，工厂的围墙突然倒塌，正在全力扑救的张丹哥哥被砸中，英勇牺牲了。”说到这儿，王大力再也忍不住，泣不成声。

“他的战友说，张丹哥哥很关心我，希望我好好读书，将来也能成为一名光荣的消防员。他还把张丹哥哥的消防头盔送给了我。”

孔明和飞鸿也都红了眼眶，没想到这个大大咧咧的男生，还有如此深重的情谊。

“这件事我和谁都没有说过，就一直埋在心里。我想，只要我努力，当上消防员，张丹哥哥在天上看到了一定会为我骄傲。因此，我经常搜索消防员的网页，希望能了解更多消防知识。但那天，我突然看到一条微博。微博的内容竟然、竟然是污蔑张丹哥哥的话。唉，都是一些我说不出口的话，我气急了，当时就在微博评论区骂了他。张丹哥哥是为了保护我们才光荣牺牲的，他是英雄，看到别人污蔑他，我真想去和他打一架，但就是不知道躲在键盘后的那个人是谁。

“孔明，你说说，这种事咱们有没有什么办法?

“飞鸿，你功夫厉害，如果咱们找到这个人，你能不能和我一起去打一架？”

王大力这话一下子把飞鸿逗乐了：“好，只要能找到那个人，我就和你走一趟。”

孔明听了哭笑不得：“两位大侠且慢，你们能不能别光想用武力解决问题？何况，你们都不知道敌人是谁。大力，这件事确实很恶劣，烈士是为了保护我们牺牲的，咱们不能让烈士受委屈。咱们先分分工，大力，你把那篇诋毁烈士的微博找出来，作为证据保存起来。我先查一下有没有相关法律规定。”

孔明很快查到，有一部《中华人民共和国英雄烈士保护法》专门规定了，以侮辱、诽谤或者其他方式侵害英雄烈士的姓名、肖像、名誉、荣誉，损害社会公共利益的，依法应当承担民事责任；构成违反治安管理行为的，由公安机关依法给予治安管理处罚；构成犯罪的，依法追究刑事责任。

孔明一拍大腿："小智，请查出微博发送人的IP地址，这个人在哪里？"孔明带上帽子和眼镜，发出指令。

小智马上查出："这个人就在烟台，地址是××庄园1栋102。"

"大力，咱们给公安局打电话吧，举报这个人。"孔明说。

"让我来打电话吧，我想为张丹哥哥做点事，他奉献了生命，不能再让英雄受委屈，我要用法律来捍卫张丹哥哥的荣誉！"大力目光坚毅地说。

离开烟台的前一天晚上，孔明打开了日记本，伴着海浪声声，他写道：

谁是最可爱的人？谁是最可敬的人？

张丹哥哥为了理想，为了他人的安全，不顾个人安危的奉献精神深深打动了我们。他的这种精神，无论在任何时候，都是最宝贵、最闪亮的。正是因为他们的负重前行才有了我们的岁月静好。

向这些可爱的、可敬的人致以最崇高的敬意！

明天就要回家了。

这一路，惊险无数，既增长了勇气和力量，也收获了温暖和感动，我想这些经历，必将成为我成长过程中最美好的回忆。

我记得在哪里看过，好好体会那些让自己感动的，从心里流淌

出的平和和喜悦的瞬间，那些时刻，展现出的就是最真实的自己。我发现，在帮助别人时，我获得了极大的喜悦与满足，赢得冠军的快乐都无法与之相比，我想那就是我应该追寻的意义。

该收收心了，好好读书、思考、求知，因为只有懂得越多，才能奉献越多。

“莫等闲，白了少年头，空悲切。”

相关法条要记牢

《中华人民共和国刑法》

第二百九十九条之一　侮辱、诽谤或者以其他方式侵害英雄烈士的名誉、荣誉，损害社会公共利益，情节严重的，处三年以下有期徒刑、拘役、管制或者剥夺政治权利。

《中华人民共和国民法典》

第一百八十五条　侵害英雄烈士等的姓名、肖像、名誉、荣誉，损害社会公共利益的，应当承担民事责任。

第二十回　奖杯

在回到江城的第二天，孔明和飞鸿收到了马老师的信，信中写道：

暑假就要结束了，孔明和飞鸿，这些天你们辛苦了。在你们即将返校之际，我代表人工智能团队向你们表示衷心的祝贺，祝贺你们圆满完成了全部任务。（此处，信里突然传来了热烈的掌声）

你们用实际行动，赢得了我们的尊重和感谢。（又是一阵掌声）

随信送上两个智能奖杯，这两个奖杯里记录了你们整个假期排危解难的每个壮举。

希望你们会喜欢。

另外，我们的团队正在研制的智能设备，已经有了突破性的进展。

寒假时，你们一定要来人工智能学院参观哦，绝对有意想不到的惊喜！

祝好！

这是两个金色的奖杯，每个奖杯正面刻着他们的名字，仔细一瞧，名字和他们的照片是交替出现的，名字上面还刻着“小英雄”三个大字。

“该不是纯金的吧？”飞鸿笑嘻嘻地问。

奖杯突然开口说话了：“虽然我不是纯金的，但我比黄金还珍贵，因为我更聪明哦，比小智还要聪明一点。请点击我下方的显示屏。”

奖杯的杯座上有一个显示屏，飞鸿轻轻一点，奖杯显示屏开始播放他俩一路走来完成的每一个任务。

最后，也是最动人的，他们看到了程磊哥哥正在学校上课，很开心的样子；小花痊愈了，回到了爷爷奶奶家，得到了很好的照顾；可儿正在看飞鸿给她买的心理学书籍，不时落泪；周游规规矩矩地在和学校的心理辅导师倾诉着什么；小明晚上 11 点还在兴致勃勃地看着《哈利·波特与魔法石》。

飞鸿和孔明流下了感动的泪水，孔明心想：这真是最好的礼物。

能读到这一页，说明大家看完了这本书。

孔明给你们鞠躬了。

感谢亲爱的读者。

今天的你，心情怎么样呢?

有什么想和我说的话吗?

因为你们是爱读书的小朋友，一定没有游戏上瘾对不对!

所以你们可以发电子邮件给我。zgfzcbs@sina.com 是我的邮箱。

如果你不会用电脑，那就请写信给我吧，把你想说的话告诉我，写信请寄到：

北京市西城区西便门西里甲 16 号，编辑七部潘老师转孔明收。邮编 100053。

我在这里祝福所有的小朋友：平安喜乐!

孔　明

图书在版编目（CIP）数据

神奇救援：了不起的无人机 / 丽秋著 . —北京：中国法制出版社，2021.3
（青少年爱国法律绘本系列）
ISBN 978-7-5216-1690-3

Ⅰ . ①神…　Ⅱ . ①丽…　Ⅲ . ①法律—中国—儿童读物　Ⅳ . ① D920.5

中国版本图书馆 CIP 数据核字（2021）第 040788 号

策划编辑：潘孝莉（editorwendy@126.com）　　封面设计：李　宁
责任编辑：郭会娟　　插画绘制：桃金娘

神奇救援：了不起的无人机
SHENQI JIUYUAN：LIAOBUQI DE WURENJI
著者 / 丽　秋
经销 / 新华书店
印刷 / 煤炭工业出版社印刷厂
开本 / 880 毫米 ×1230 毫米　24 开　　印张 / 6.5　字数 / 108 千
版次 / 2021 年 3 月第 1 版　　2021 年 3 月第 1 次印刷

中国法制出版社出版
书号 ISBN 978-7-5216-1690-3　　定价：29.80 元

值班电话：010-66026508
北京西单横二条 2 号　邮政编码 100031　　传真：010-66031119
网址：http://www.zgfzs.com　　编辑部电话：010-66073673
市场营销部电话：010-66033393　　邮购部电话：010-66033288
（如有印装质量问题，请与本社印务部联系调换。电话：010-66032926）